进出口企业管理人员办理海关事务法律指引

《进出口企业管理人员办理海关事务法律指引》编委会 / 编

中国海关出版社

图书在版编目（CIP）数据

进出口企业管理人员办理海关事务法律指引/《进出口企业管理人员办理海关事务法律指引》编委会编. —北京：中国海关出版社，2015.7
ISBN 978-7-5175-0074-2

Ⅰ.①进… Ⅱ.①进… Ⅲ.①海关法—法律解释—中国 Ⅳ.①D922.221.5

中国版本图书馆CIP数据核字（2015）第121660号

进出口企业管理人员办理海关事务法律指引
JINCHUKOU QIYE GUANLI RENYUAN BANLI HAIGUAN SHIWU FALÜ ZHIYIN

作　　者：《进出口企业管理人员办理海关事务法律指引》编委会	
策　　划：普　娜	
责任编辑：熊　芬	
出版发行：中国海关出版社	
社　　址：北京市朝阳区东四环南路甲1号	邮政编码：100023
网　　址：www.hgcbs.com.cn	
编 辑 部：01065194242-7503（电话）	01065194231（传真）
发 行 部：01065194227/21/38/46（电话）	01065194233（传真）
社办书店：01065195616（电话）	01065195127（传真）
http：//store.hgbookvip.com（网址）	
印　　刷：北京铭成印刷有限公司	经　　销：新华书店
开　　本：710mm×1000mm　1/16	
印　　张：14.5	字　　数：186千字
版　　次：2015年7月第1版	
印　　次：2015年7月第1次印刷	
书　　号：ISBN 978-7-5175-0074-2	
定　　价：60.00元	

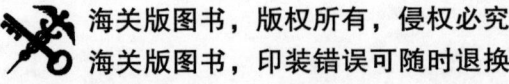
海关版图书，版权所有，侵权必究
海关版图书，印装错误可随时退换

《进出口企业管理人员办理海关事务法律指引》
编 委 会

名誉主任	王 军　叶震林
主　　任	李卫新
副 主 任	刘 娟　高建明
成　　员	胡克宏　丁文轩　许 洋　丁 俊　李 健 孙晓婷　管 昱　刘 奇　高 俊　胡 熹 魏 曦　刘 勃　李 繇　沙 杰　王伟珍 方 治　管 悦　赵伟伟　吴明杰　许世香 徐 春　贾东航　曹燕华

党的十八大以来,国家不断强化依法治国方略的贯彻落实,党的十八届四中全会通过的《中共中央关于全面推进依法治国若干重大问题的决定》明确提出了全面推进依法治国的总目标和重大任务,着重强调要增强全民法治观念,推动全社会树立法治意识。海关作为国家重要执法机关,在推进法治政府、法治国家、法治社会一体建设中责任重大,面临更高挑战。

法律的权威源自人民的内心拥护和真诚信仰。做好对进出口企业的政策法规宣传,帮助企业理解法律、守法自律,既是海关提高执法透明度,服务经济社会发展大局的重要举措,也是海关推动法治建设、统一规范执法的重要保障。为进一步推进海关法治建设,更好地服务广大进出口企业,介绍海关最新政策法规和各项重点改革,我们组织编写了《进出口企业管理人员办理海关事务法律指引》(以下简称《法律指引》)一书,旨在通过《法律指引》,让广大进出口企业管理人员了解海关监管的最新要求和热点改革内容,准确把握政策方向,避免决策失误,从而提高工作效率和管理水平。

编写过程中,我们通过南京海关12360服务热线微信平台、基层海关、重点进出口企业等广泛途径征求了意见和建议。《法律指引》主要包括三大部分内容:第一部分为海关法律法规的基本架构,主要介绍了海关执法的法规体系;第二部分为海关当前的改革热点,重点介绍了长江经济带海关区域通关一体化、通关作业无纸化、推进中国(上海)自贸区海关监管服务创新、跨境贸易电子商务推广、加快海关特殊监管区域整合优化、"单一窗口"建设、全面推进关检合作"三个一"、简政放权深化海关行政审批制度改革等海关改革热点问题；第三部分为全书重点，以进出口企业办理海关业务的流程为主线介绍海关监管的基本规定，每篇包括概述、法规摘编、重点问题、案例分析、法规索引等五部分内容，通过问答的形式简明扼要地介绍了海关业务流程各环节监管的基本要求，以及相关的法律法规及规范性文件。

《法律指引》既有海关监管的基本要求，又有案例分析；既有海关执法的实务操作，又有海关执法的法规摘编；既有现行海关业务介绍，又有海关改革创新热点问题。《法律指引》对于帮助进出口企业管理人员学习、了解海关相关管理规定和改革发展方向，避免决策失误和工作疏漏有很好的作用，是广大进出口企业管理人员提高工作效率、提升管理水平的有效便携手册。

《法律指引》的编写得到海关总署政法司王军副司长、南京海关叶震林副关长的倾力指导和大力支持，特别感谢哈尔滨海关政治部石文来主任提出的宝贵意见，感谢中国海关出版社的指导，感谢张家港海关的突出贡献，感谢南京海关办公室、关税处、监管通关处、加工贸易监管处、稽查处、企管处、缉私局，以及金陵海关、苏州海关、苏州工业园区海关、南通海关、常州海关、无锡海关、常熟海关等单位的积极参与和大力支持！

编委会
2015年6月

目录 MULU

第一部分	海关法律法规架构	1
第二部分	热点改革全图解	7
	1 长江经济带海关区域通关一体化改革	9
	2 通关作业无纸化改革	12
	3 推进中国（上海）自贸区海关监管服务创新改革	15
	4 跨境贸易电子商务推广改革试点	19
	5 加快海关特殊监管区域整合优化改革	22
	6 推动"单一窗口"试点改革	25
	7 全面推进关检合作"三个一"改革	28
	8 简政放权深化海关行政审批制度改革	31
第三部分	基本规定	45
	企业管理篇	47
	监管通关篇	61
	征税管理篇	82
	税收优惠篇	100
	加工贸易监管篇	115
	保税监管篇	131
	进出境公自用物品篇	145
	知识产权保护篇	174
	海关稽查篇	187
	缉私执法篇	198
	行政救济篇	213
后记		223

第一部分 海关法律法规架构

第一部分 海关法律法规架构

中国海关是国家进出境监督管理机关,也是少数有行政强制执行权和刑事侦缉权的重要执法机关之一。由于我国进出口贸易的种类、形式和环节较多,海关负责执行的法律、行政法规和规章数量也较多,随着社会经济发展,知识产权边境保护、跨境电子商务监管等海关非传统职能需求增加,相关执法规范性文件的数量还在增加。了解海关执法体系,对于知晓海关执法原理,理解海关执法流程,便于相对人依法高效开展进出境活动有着重要意义。

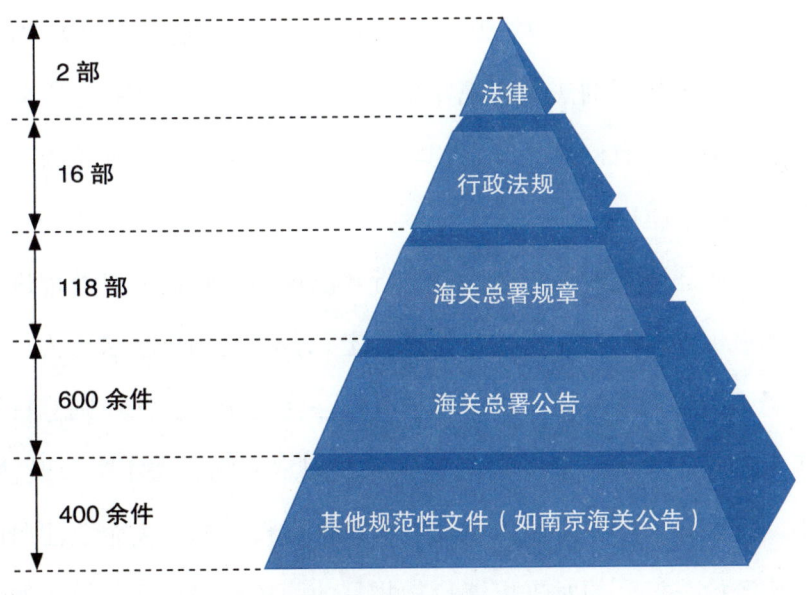

海关法律法规体系简图

海关法律法规体系包括海关法和其他相关法律、行政法规、规章、我国缔结的有关国际条约和公约、海关总署及直属海关制定的符合上位法的规范性文件等。其中,专门规范海关行政管理关系的法律有两部,即现行《中华人民共和国海关法》(以下简称《海关法》)和《中华人民共和国海关关衔条例》,《中华人民共和国对外贸易法》、《中华人民共和国环境保护法》、《中华人民共和国刑法》、《中华人民共和国行政处罚法》(以下简称《行政处罚法》)、《中华人民共和国行政许可法》、《中华人民共和国行政强制法》等法律也对海关行政法律关系有直接影响;国务院颁布的专门规范海关行政管理关系的行政法规16部,海关总署制定的现行有效的部门规章118部,规章层级以下的海关规范性文件约1000件。此外如《关于简化和协调海关业务制度的国际公约》(简称《京都公约》)、《伊斯坦布尔公约》和世界贸易组织(简称WTO)的有关附约,以及我国与其他国家缔结的海关行政互助协议,通常通过国内立法转化后成为海关执法依据。总体而言,海关执行的法律法规体系是一个有机的统一整体,在效力层级明确的前提下,各有侧重,又互相联系、配合,是国家行使主权和实施进出境管理的集中体现。

海关执法是海关依据上述法律、行政法规和行政规章等处理进出境活动中具体事项的行政行为,也包括打击走私犯罪的刑事执法行为。海关法律的适用原则与其他法律一致,包括上位法优先于下位法原则、特别规定优先于一般规定原则、新的规定优于旧的规定原则和法不溯及既往原则。实践中,我国海关的执法权力包括:行政许可权,如报关企业注册的许可授予;行政检查权,如对进出境货物物品的验核检查;征税权,如对应税货物物品关税和进口环节税的征收;行政强制权,如入境超期未申报货物依法提取变卖处理的职权;其他还有行政处罚权、缉私司法权、追缉权和配备使用武器权等。随着时代的发展,海关通过建立具有较高法律素质的执法队伍、建立良好的执法机制、优化执法环境、完善科技和信息化管理水平等方式不断寻找有效监管和服务经济间的平衡点,以更好地履行法定职责,实现执法目的。

本书的编撰，就是从进出口企业管理者所需要的角度重新整理和解读海关法律、执法制度，以期读者在了解海关执法基本情况的前提下，遇到具体的问题能迅速找到相关的法律法规规定和更为生动的指引，提高企业的依法管理水平，从而促进经营生产活动的效率。此外，根据政府信息公开的要求，海关会及时将新颁布或者修订的海关法律、法规及规章向社会公布，公民、法人或者其他组织可以通过以下渠道获知：

▶《国务院公报》、《海关总署文告》；

▶12360海关统一服务热线及微博、微信；

▶海关现场公告栏；

▶海关总署和各直属海关门户网站；

▶《中国海关》杂志；

▶海关公开出版物。

第二部分
热点改革全图解
REDIAN GAIGE QUANTUJIE

第二部分 热点改革全图解

长江经济带海关区域通关一体化改革

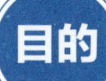 落实党中央、国务院关于依托黄金水道建设长江经济带的重大决策

根据海关总署统一部署,由长江经济带9省2市的上海、南京、杭州、宁波、合肥、南昌、武汉、长沙、重庆、成都、贵阳、昆明海关共同启动,以深化通关改革为核心,以优势集成、资源整合、专业分工为导向,打破关区界限,形成监管更严密、通关更便捷、流程更科学、运转更高效、覆盖长江经济带海关通关全流程的一体化管理机制和运作模式,在长江经济带为企业营造"可预见、低成本、高效便利"的通关环境,促进各类要素在区域内自由流通,有效促进长江经济带区域经济一体化全面发展。

落实党中央、国务院关于依托黄金水道建设长江经济带的重大决策

内容: 将在长江经济带区域海关搭建"一个中心、四个平台"的作业架构

将在长江经济带区域海关搭建"一个中心、四个平台"的作业架构

- 通过区域海关通关中心的虚拟化运作,实现通关现场一体化作业。

- 建立统一的申报平台,企业在获取舱单信息后,通过电子口岸,自主选择申报口岸向海关提交报关信息。

- 建立统一的风险防控平台,建立区域风险防控及监控指挥中心,按"由企及物"的管理理念,对口岸申报及进出境的企业、舱单、商品等风险要素进行分析和甄别,实现同一企业同一商品统一风险防控。

- 建立统一的专业审单平台,在风险分析和风险甄别的基础上,区域内海关按照分工开展跨关区专业集中审核。

- 建立统一的现场作业平台,各海关业务现场根据审单指令,实施接单、征税、查验和卡口核放。

第二部分 热点改革全图解

好处 将充分尊重市场在资源配置中的决定性作用，尊重企业的自主选择与物流运作规律

长江经济带区域企业在该区域各口岸海关的通关货物，企业可自主选择申报、纳税地点，并根据物流需要自主选择查验放行地点。

取消长江经济带区域报关企业跨关区从事报关服务的限制，允许报关企业在长江经济带区域"一地注册、多地报关"。

长江经济带区域海关间互认商品预归类、价格预审核、原产地预确定和许可证件、归类、价格等专业认定结果，以及暂时进出境等行政许可决定；许可证件证面签注口岸为长江经济带任一口岸的货物，在区域任一海关都可办理申报验放手续。

待系统完善后，在银行总担保及汇总征税项目的基础上，可实现企业的一份税款保函在长江经济带区域海关互认通用，保函税款担保额度自动核扣、返还、循环使用等。

不同关区海关将统一执法规范，统一作业流程，统一参数设置，统一验放标准，提供标准化的监管和服务，使同一企业在不同海关受到同等待遇，实现"十二关如一关"。

将充分尊重市场在资源配置中的决定性作用，尊重企业的自主选择与物流运作规律

2 通关作业无纸化改革

目的 提高货物通关效率，降低企业通关成本，促进外贸稳定增长

1 通关作业无纸化改革是海关运用信息技术直接对企业联网申报的报关单及随附单证的电子数据进行无纸审核、征税、验放处理的一种通关作业模式改革。

2 通关作业无纸化改革在简化现场单证审核手续的同时，通过不断丰富完善风险参数，优化配置监管资源，强化风险研判、专业审单、实货监管、后续稽查等环节工作，在企业感受轻松与高效的同时，海关整体监管效能明显增强。

第二部分　热点改革全图解

内容

逐步以电子数据取代纸质单证

① 精简随附单证种类，实现随附单证电子数据传输。

根据海关现有业务实际，对企业递交的有关随附单证、海关作业单证进行研究清理，精简单证种类，统一规范格式，尽量实现格式化录入传输。

对已实现电子联网监管的证件，若电子数据比对正常即可凭电子数据直接验放，实施通关作业无纸化。

③ 加快监管证件联网核查进程。

② 推进海关作业单证无纸化。

以H2010综合业务管理平台为依托，实现通关相关业务网上审批、流转，实现海关内部流转作业单证完全无纸化，并与报关电子数据直接关联，海关通关作业各环节可实时调阅作业单证的电子数据进行审核。

优化通关作业流程

2 进一步优化通关作业环节，简化通关操作，理清专业审单与现场接单审核部门职责，加强海关业务信息共享互通，形成以随附单证电子化为基础，守法企业普遍适用的高效通关作业模式。

1 通关作业方式由原基于纸质单证审核签章和流转交互改为海关审核报关单和随附单证电子数据验放货物，依托网络电子回执实现与企业的信息互通。

建立报关电子单证管理制度

货物放行
结关后，将报关单、随附单证、海关作业等电子数据和进出口监管证件电子数据汇总形成报关电子单证档案库。

好处：降低企业通关成本，提高货物通关效率

1 本项改革改变了原有现场提交纸质单证的操作方式，让企业不受时间空间的限制，"足不出户"完成报关手续，节省纸质单证的打印、快递、储存成本，以及报关人员往返海关费用。

2 使货物通关效率显著提高，在降低企业通关成本、促进外贸稳增长方面成效非常显著。据统计，2014年上半年全国共有26.8万家企业参与了无纸化通关，占同期全国有进出口实绩企业总数的53.3%。无纸化报关单进、出口货物平均通关时间分别为3.99小时和0.22小时，通关效率提高7成以上。

第二部分　热点改革全图解

推进中国（上海）自贸区海关监管服务创新改革

推动形成简政放权、智能驱动、风险可控、便利高效的新型海关监管模式

本项改革是以中国（上海）自贸区为试验田创新海关监管服务模式，实行以信息化为基础、智能化为关键、便利化为方向、法治化为保障、安全化为要求的改革，形成可复制、可推广的经验，最终推动形成简政放权、智能驱动、风险可控、便利高效的新型海关监管模式。

目前主要包括 14 项具体制度的复制、推广

① 批次进出、集中申报

改变传统逐票申报方式，将"一票一报"改为"多票一报"，允许企业在"二线"进出区环节先行分批次进出货物，在规定期限内集中办理海关报关手续，既大大提高企业生产效率，又顺应企业生产经营实际流程。

② 区内自行运输

允许区内企业不使用海关监管车辆，在各特殊区域之间通过信息化系统数据比对实行自行运输。

15

③ 智能化卡口验放

简化卡口操作环节，实现自动比对、自动判别、自动验放，缩短车辆过卡时间，提升通关效率。

④ 境内外维修

允许符合条件的区内外企业开展高技术、高附加值、无污染的境内外维修业务，海关依托信息化系统实施管理。

⑤ 内销选择性征税

对特殊区域内企业生产、加工并经"二线"销往内地的货物，企业可申请选择对内销货物按其对应进口料件或者按实际报验状态缴纳进口关税，按实际报验状态照章缴纳进口环节增值税、消费税。

⑥ 保税展示交易

符合条件的区内企业在向海关提供足额税款担保后，可以在区外或者区内指定场所开展保税展示，对展示期间发生内销的货物实施先销后税、集中申报试点。

⑦ 集中汇总征税

对经审核符合条件的进出口纳税义务人，其货物通关时海关不打印税单，在企业提供的总担保额度内，通过扣除企业授信额度的方式办理货物放行手续，并于每个月规定期限内集中打印应税货物税单，对其一段时间内多次进出口产生的税款进行汇总计征。

⑧ 简化无纸通关随附单证

对特殊监管区域和境外之间进出境备案清单的随附单证，如合同、发票、提单、装箱清单等，企业在申报时可不向海关提交，海关审核时如需要再提交。对特殊监管区域和境内区外之间进出口报关单的随附单证，按照海关总署公告2014年第25号的规定进行简化。

第二部分 热点改革全图解

⑨ 简化统一进出境备案清单
将不同特殊监管区域的备案清单格式统一为30项申报要素,实现规范简捷申报。

⑩ 先进区,后报关
调整原来特殊监管区域"一线"进境货物先报关再入区的通关作业流程,允许企业先凭货物舱单信息提货进区,再在规定时限内办理海关申报手续。

⑪ 工单式核销
依托对使用企业资源计划系统(ERP)的加工生产制造企业实施的联网管理,取消单耗审核与备案,以企业每日自动发送的工单数据为基础进行核销。使海关监管模式充分尊重企业生产规律,提高企业优化生产工艺的积极性,为研发、维修等新型业态的监管提供借鉴。

⑫ 仓储企业联网管理
改革现行的仓储备案、盘库、核销等传统模式,对使用仓储管理系统(WMS)的企业,实施"系统联网+库位管理+实时核注"的管理模式,对货物进、出、转、存情况进行实时、动态管理,探索保税延展货物入区。

⑬ 期货保税交割
同意特殊区域内处于保税监管状态的货物作为期货交割标的物进行销售。

⑭ 融资租赁
经相关主管部门批准,允许企业在特殊区域内开展融资租赁业务,分期缴纳租金,对融资租赁货物按照海关审查确定的租金分期征收关税和增值税。

好处: 提高通关效率,降低物流成本,释放市场活力

1 目前改革制度创新的红利已初显,有效提高了企业的通关效率,降低了物流成本,同时贸易规模稳步增长,市场活力释放明显。

2 据统计,2014年上半年上海自贸区新注册企业同比大幅增长10.1倍,企业物流成本降低了10%,进出口总值同比增长10.9%,并催生了一批新型贸易业态,推动总部经济、跨境电子商务、全球维修、融资租赁、文化贸易等领域企业的功能拓展。

3 区内企业反映,货物到港入区的通关时间平均缩短2~3天,节约物流成本10%左右,自贸区载货车辆过卡时间从原来人工作业时的6分钟缩短至5秒左右,工单式核销模式可以把试点企业20000多个料号归并200多个项号,实现电子账册"瘦身"。

第二部分 热点改革全图解

跨境贸易电子商务推广改革试点

目的 支持和促进跨境电子商务发展

近年来，跨境贸易电子商务作为一种新型业态蓬勃发展，已成为传统外贸的重要补充和未来发展的一个趋势。

海关总署根据国务院的工作部署，遵循电子商务规律，发挥电子商务全程数据留痕、可追溯的特性，创新理念和方法，改革通关监管模式，牵头开展跨境电子商务改革试点，主要目的在于支持和促进跨境电子商务健康、快速、有序发展。

内容：逐步开展改革试点，已建立4种新型海关通关监管模式

零售出口模式：采用"清单核放，汇总申报"的方式，电商出口商品以邮、快件方式分批运送，海关凭清单核放出境，定期为电商把已核放清单数据汇总形成出口报关单，电商凭此办理结汇、退税手续，并纳入海关统计。

特殊区域出口模式：电商把整批商品按一般贸易报关进入海关特殊监管区域，企业实现退税；对于已入区退税的商品，境外网购后，海关凭清单核放，由邮、快件企业分送出区离境，海关定期将已放行清单归并形成出口报关单，电商凭此办理结汇手续，并纳入海关统计。

直购进口模式：符合条件的电子商务平台与海关联网，境内个人跨境网购后，平台将电子订单、支付凭证、电子运单等实时传输给海关，商品通过海关跨境电子商务专门监管场所入境，按照个人邮递物品征税，并纳入海关统计。目前，直购进口模式下的税收征管并无明确规定，各参与试点的海关均参照网购保税模式，对直购进口商品进行征管。

网购保税进口模式：电商将整批商品运入海关特殊监管区域内特设的电子商务专区，向海关报关，海关建立电子商务管理账册。境内个人网购商品后，电商委托报关代理公司向海关申报电子清单，海关对电子订单、支付凭证、电子运单和电子清单进行四单计算机自动比对，凡相符的，海关参照个人邮递物品自动征税，验放后账册自动核销，并纳入海关统计。

第二部分 热点改革全图解

好处 — 近期 / 长远

近期：目前来看，海关通过"清单核放，汇总申报"管理模式，解决电商出口退税、结汇问题，扶持小微企业出口，支持外贸增长；在进口方面，充分发挥海关特殊监管区域的功能和优势，建立网购保税进口模式，同时建立直购进口模式，便利国内消费者购买国外优质商品，打造阳光跨境直购渠道。

长远：长远来看，推进跨境电子商务改革有利于做大对外贸易的增量，改变传统外贸经营模式，降低企业参与外贸的门槛，提升企业贸易利润率；有利于支持中小微企业健康发展，实现减负增效；也有利于促进社会诚信体系建设，从源头上规范进出口市场经济秩序。

5 加快海关特殊监管区域整合优化改革

目的：落实中央简政放权政策、完善机制，推动加工贸易产业链延伸和内陆产业集群发展

① 从1990年6月国家设立第1个海关特殊监管区域——上海外高桥保税区至今，国务院共批准设立了144个海关特殊监管区域，这些年通过整合优化，陆续整合掉30个、退出了1个，现有海关特殊监管区域113个，分布在除青海、西藏、甘肃、港澳台外的28个省、市、自治区。

② 经过二十多年的发展，海关特殊监管区域在承接国际产业转移、推进加工贸易转型升级、扩大对外贸易和促进就业等方面发挥了积极作用。

③ 本项改革的目的是进一步落实中央简政放权政策、完善机制，创新模式、提升服务，整合发展、分类指导，优化功能、转型升级，推动加工贸易产业链延伸和内陆产业集群发展。

第二部分 热点改革全图解

内容 — 继续推进海关特殊监管区域整合

- **01** 整合现有区域类型
- **02** 整合现有区域存量
- **03** 整合现有区域政策
- **04** 整合管理资源

推进海关特殊监管区域优化转型

- **01** 优化产业结构
- **02** 优化贸易多元
- **03** 优化区域功能
- **04** 优化管理职能
- **05** 优化监管模式

具体内容

01 区区、区港之间保税货物流转"分送集报、自行运输"。

02 简化"一线"进出境备案清单格式,实施"二线"进出区"两单一审"。

03 区内实行ERP管理的加工贸易企业取消单耗申报,以工单为基础核销;区内采用WMS管理的仓储物流企业实施联网监管,实时核销。

04 建立区内研发、设计等新型保税监管模式。

05 允许区内企业开展自产产品返区维修、凭保出区保税展示业务,以及利用已解除监管的设备承接境内区外委托加工。

06 允许区内开展贸易多元化试点。

07 将原有各类符合条件的海关特殊监管区域逐步整合为综合保税区。

好处 —— 以江苏省内海关为例

1 目前南京海关正在积极推进省内现有19个特殊监管区域的转型升级和优化整合，支持特殊监管区域从"加工+物流"向"加工中心、物流中心、销售中心、结算中心、研发中心、维修中心"等"六个中心"多元化发展，向产业链、价值链的高端延伸，有利于海关特殊监管区域发挥连接两个市场、统筹两种资源的枢纽作用，进一步优化产业结构、推动产业多元化，促进其平衡、协调、可持续发展。

2 通过建立特殊监管区域统一管理模式和信息化平台，加快特殊监管区域间物流快速便捷流转，今后企业的"一线"、"二线"通关监管手续将大大简化，区内企业的查验率也将进一步降低。

3 区内现行账册备案手续逐步取消，实行以"账户式管理"为核心的新型保税监管体系，企业进出口情况按照货物实际报关数据逐票登记入账。

充分体现区内企业"圈养"监管的特殊性，建立不同于区外、适应诚信企业入区发展的分类管理、风险防控、后续验证的工作机制，确保与正面监管工作形成错位互补。

第二部分 热点改革全图解

推动"单一窗口"试点改革

目的 实现口岸"三互"大通关

"单一窗口"是指建立一个大数据共享的政府信息平台，其核心是进出境商品电子数据只需提交一次和提交接入点的单一性，以达到所有与进口、出口和转口相关的管理机构要求。

目前，全球有40多个国家和经济体引进了"单一窗口"措施，已成为促进贸易便利化和发展电子商务的核心手段。

本项改革符合国际惯例，目的就是为了贯彻2014年《政府工作报告》中"推广一站式审批、一个窗口办事"的要求，实现口岸管理相关部门信息互换、监管互认、执法互助（简称"三互"）。

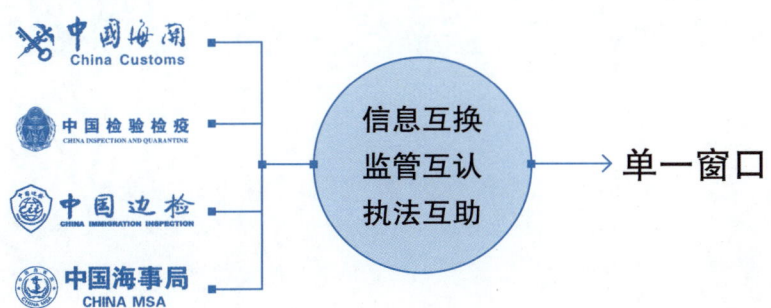

主要内容

- 依托电子口岸平台,贸易和运输企业可以通过单一平台一点接入、一次性递交满足执法部门要求的标准单证和电子信息。

- 执法部门处理状态(结果)可以通过单一平台反馈给申报人。

- 执法部门共享监管资源,实施联合执法。

- 自2012年以来,海关总署与国家质检总局启动了关检合作"三个一"(即一次申报、一次查验、一次放行)改革试点,有力提升了口岸贸易便利化水平,这是"单一窗口"的雏形。

- 目前正在选择上海洋山保税港区作为试点,积极探索在中国(上海)自贸区率先建立"单一窗口"试点,并在不断完善后逐步推广。

好处 — 简化企业申报流程，节省企业人力和时间成本，提高口岸通关效率

目前，海关总署在上海洋山保税港区开展国际贸易"单一窗口"建设试点，依托上海电子口岸平台，实现贸易和运输企业通过单一平台一点接入、一次性递交满足监管部门要求的格式化单证和电子信息，监管部门处理状态和结果通过单一平台反馈给申报人，监管部门按照确定的规则，共享监管资源，实施联合监管。

采用单一平台申报，除了拥有摒除了以往多人员、多客户端、多单证系统操作的优势外，同时还可以有效减少同类数据项的重复录入，将执法部门需要的申报数据整合成统一化、标准化的申报数据池，相同或相近的数据项只需录入一次。

"单一窗口"可以有效将现有口岸执法改变为一口对外、一次受理和一次操作的执法模式。

"单一窗口"可以实际简化申报流程，降低申报环节操作的复杂性，企业不用在各执法部门之间串联奔走、分别提交单证、现场等候审批结果等，从而节省大量人力和时间成本。

"单一窗口"可以充分考虑企业实际需求，各口岸监管部门可以共享监管资源，实施联合监管，发挥口岸执法单位间合力，减少进出口货物在口岸的延误，提高口岸通关效率。

"单一窗口"有利于提高贸易商的守法意识和政府执法的透明度，维护国际贸易供应链的安全与便利。

全面推进关检合作"三个一"改革

目的　深化通关协作，推动建设口岸管理一体化大格局

关检合作"三个一"改革是海关和检验检疫部门"一次申报、一次查验、一次放行"通关作业模式的简称。

本项改革通过协调简化企业申报、关检查验及放行三个环节，使通关手续更简便，作业流程更优化，减少重复作业，节约企业通关成本，提高口岸通关效率和关检执法效能。

最终，通过完善电子口岸功能，全面推进关检合作"三个一"，加快国际贸易"单一窗口"建设，建立查验场地集中、管理系统统一、监管流程同步的口岸协同执法体系，深化通关协作，推动建设口岸管理一体化大格局。

第二部分 热点改革全图解

内容 — 一次申报、一次查验、一次放行

一次申报：即"一次录入、分别申报",是指企业在预录入环节只需要一次录入,系统自动转换成报关单和报检单电子数据,分别传送到海关和检验检疫部门,完成报关和报检。企业只作一次录入即可完成报关和报检,大大简化了报关报检的申报手续。

一次查验：即"一次开箱、关检依法查验/检验检疫",是指关检双方依法需要对同一批货物实施查验/检验检疫的,借助信息系统对碰查验、检验检疫信息,对碰成功后,由码头进行一次移箱,关检双方按照各自职责共同进行查验/检验检疫。

一次放行：即"信息联网、关检核放",是指海关放行信息与检验检疫放行信息通过信息系统实现对碰,对碰成功后企业即可提取放行的货物。企业无须来回奔跑,只要轻点鼠标,即可通过信息系统查询进出口货物通关过程中的实际通关状态,及时办理结关手续。

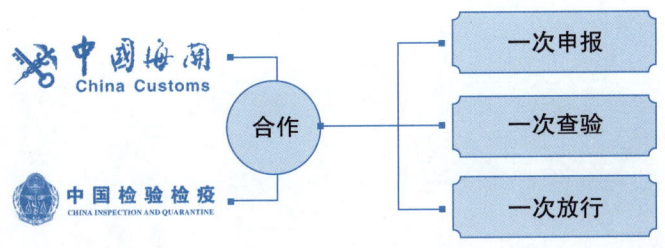

29

好处　节省企业人力、时间和费用成本，提高货物通关效率

关检合作"三个一"改革实施后，关检双方对原有的海关、检验检疫申报数据项进行了整合，建立起统一的全数据录入界面，极大地减少了重复录入数据项，缩减了企业申报时间。据估算，实行"一次申报"可节省报关、报检操作时间30%以上。

关检双方"一次查验"明显减少了货柜停留查验场的候查时间，节省了人力、时间和费用成本，避免企业反复拆卸、搬运货物，提高了货物的通关效率。

实施关检合作"三个一"改革后，货物查验时间可节省50%以上。

关检双方将货物放行信息发送到电子口岸，货主可以提前安排提货计划，加快了办单提货及物流疏港速度。

第二部分 热点改革全图解

简政放权深化海关行政审批制度改革

 不断深化行政审批制度改革，大力推行简政放权，着力转变海关职能实现方式

2014年以来，海关不断深化行政审批制度改革，大力推行简政放权，着力转变海关职能实现方式。通过减少不必要的审批项目，把该放的权力放开、放到位，不断简化操作流程，优化监管方式，降低企业成本。

本项改革的指导思想就是要减少不必要的审批项目，减少对微观事务的干预，把该管的事情管住、管好，把该放的权力放开、放到位，切实做到"管、减、简、便"，使市场在资源配置中起决定性作用，同时更好地发挥海关作为政府部门的作用。形象点说，就是要用海关权力的"减法"换取市场活力的"加法"，使海关简政放权、转变职能，以及深化行政审批制度改革的成果真正惠及广大企业和老百姓。

进出口企业管理人员办理海关事务法律指引

内容　　简政、放权

简政：减少不必要的审批项目。

放权：把该放的权力放开、放到位。

2013年年底至2015年5月，海关总署直接取消的行政审批事项为8项

行政许可审批
① 报关员资格核准
② 加工贸易备案（变更）、外发加工、深加工结转、余料结转、核销、放弃核准
③ 报关单修改、撤销审批
④ 进境货物直接退运核准

非行政许可审批
⑤ 保税工厂设立
⑥ 进料加工保税集团登记
⑦ 关税及进口环节海关代征税延期缴纳审批
⑧ 关税及进口环节海关代征税滞纳金减免审批

第二部分 热点改革全图解

2013年年底至2015年5月,海关总署取消并转为其他权力行为的行政审批事项为4项

- 转为政府内部审批
  - ① 口岸对外开放审批
  - ② 地方政府申请中、外籍民用飞机从我国非对外开放和限制开放机场出入境、陆路边境临时开放审核

- 转为其他权力行为
  - ③ 减免进口货物滞报金审批
  - ④ 减征、免征关税及进口环节海关代征税审批

33

截至 2015 年 5 月，海关总署保留的行政审批事项为 12 项

1. 报关企业注册登记
2. 暂时进出口货物的核准
3. 出口监管仓库、保税仓库设立审批
4. 免税商店设立审批
5. 海关监管货物仓储审批
6. 常驻机构及非居民长期旅客公私用物品进出境核准
7. 小型船舶往来香港、澳门进行货物运输备案
8. 承运境内海关监管货物的运输企业、车辆注册
9. 获准入境定居旅客安家物品审批
10. 长江驳运船舶转运海关监管的进出口货物审批
11. 保税物流中心（A型）设立审批（由非行政许可审批事项转为行政许可审批事项）
12. 保税物流中心（B型）设立审批（由非行政许可审批事项转为行政许可审批事项）

第二部分　热点改革全图解

改革行政审批事项

1. 全面梳理制定时间表和路线图
对海关执法和业务管理领域具有审批性质的管理事项进行了全面梳理和摸底核实，研究提出取消、下放、保留的处理意见；制定了海关2013~2015年取消和下放有关审批事项的时间表和路线图，明确工作任务和完成时限，作出分年度、分阶段的工作安排。

2. 积极推动相关法律法规的修改和调整
配合全国人大常委会和国务院法制办修订了《海关法》和《中华人民共和国进出口关税条例》（以下简称《关税条例》），同步对23部海关规章进行了集中修订，运用法治方式巩固改革成效。

3. 做好行政审批制度改革的后续衔接工作
对取消、下放的行政审批事项逐项改革管理模式，完善配套制度，取消事前审批，加强事中事后监管，坚持"放"、"管"并重。

4. 推动工作流程化繁为简
按照简政放权的精神和要求，主动"对表"，自加压力，对海关内部管理事项和作业流程进行全面梳理和简化，通过转变职能找准定位，通过简政放权"瘦体强身"，推动工作流程化繁为简，切实提高海关管理效能。

海关系统还将根据国务院的统一部署，进一步推动简政放权，继续取消和下放行政审批项目，切实转变海关职能实现方式。

海关行政审批制度改革是一项系统工程，在取消上述审批事项的基础上，2015年海关将继续通过简政放权"瘦体强身"，推动工作流程化繁为简，切实提高管理效能。

好处　成本下降，效益提高

改革一方面使得海关解放思想、转变观念，主动退出可以通过市场机制有效调节的领域，让市场在资源配置中起决定性作用，政府加强事中和事后监管，做到管准、管精、管好；另一方面利用信息化技术进一步优化管理手段，把过去门槛式的前置管理通过更加科学化、集约化、规范化的方法，转变为事中事后管理。

例1　海关取消"报关员资格核准"审批事项后，海关对于报关人员不再设置门槛和准入条件，不再组织报关员资格考试，报关人员由报关企业自主选择聘用，通过市场机制实现优胜劣汰，有利于降低就业门槛，释放创业活力，营造就业创业的公平竞争环境。

例2　海关加工贸易行政审批制度改革，涉及加工贸易备案（变更）、外发加工、深加工结转、余料结转、核销、放弃核准等6个子项目，取消前置审批制度后，海关管理方式实现了"以合同为单元"向"以企业为单元"管理的转变，海关的管理重心实现了由事前审批向事后实货核查的转移，提高了海关管理效能，降低了企业运营成本。

企业的人力和时间成本大幅减少，由此带来的企业效益提高、成本下降更加显著。

海关在取消数项行政审批事项的基础上，还对保留的审批事项进一步明确标准，简化手续，这些措施都有利于进一步降低报关企业经营成本，便利进出口企业通关，激发市场主体创造活力。

第二部分　热点改革全图解

变化 ▶ 取消报关员资格核准

海关不再设置准入条件，由企业自主选择、聘用报关人员；海关通过对报关单位的管理来规范报关从业人员的行为，报关单位向海关办理所属报关人员的备案、变更手续，对其所属报关人员的报关行为承担相应的法律责任。

取消加工贸易备案（变更）、外发加工、深加工结转、余料结转、核销、放弃核准

放开了外发加工限制，减少了经营企业开展外发加工业务应缴纳保证金的范围，拓展了企业担保渠道，增加了非银行金融机构保函的担保方式。

对加工贸易深加工结转实施准入前国民待遇和负面清单管理方式。加工贸易企业开展深加工结转业务不再需要海关批准，转入企业、转出企业只需向各自的主管海关申报，办理实际收发货及报关手续。

涉及 6 个子项目

1. 加工贸易备案（变更）
2. 外发加工
3. 深加工结转
4. 余料结转
5. 核销
6. 放弃核准

有利于发挥龙头企业辐射带动作用，吸纳国内企业进入加工贸易链条，培育小微企业发展。

项目	改革前	改革后	管理的转变
外发加工	企业每次开展业务，都需要事前到海关递交申请。	企业可以采取先自主组织外发加工生产，后向海关备案的模式。	"以合同为单元"向"以企业为单元"，由事前审批向事后实货核查的转移。
深加工结转	转入转出双方企业需要分别到各自主管海关递交结转申请。	双方企业可以足不出户完成深加工结转申报录入手续，仅需几分钟。	这一改革举措可以为企业节省大量人工、交通和快递等费用。

需注意

有下列情形之一的，加工贸易企业不得办理深加工结转手续：

① 不符合海关监管要求，被海关责令限期整改，在整改期内的；

② 有逾期未报核手册的；

③ 由于涉嫌走私已经被海关立案调查，尚未结案的。加工贸易企业未按照海关规定进行收发货的，不得再次办理深加工结转手续。

取消报关单修改、撤销审批

当事人办理报关单修改或撤销手续的情形

① 出口货物放行后,因装运、配载等原因造成原申报货物部分或者全部退关、变更运输工具的。

② 进出口货物在装载、运输、存储过程中发生溢短装,或者因不可抗力造成灭失、短损等,导致原申报数据与实际货物不符的。

③ 由于办理退补税、海关事务担保等其他海关手续而需要修改或者撤销报关单数据的。

④ 根据贸易惯例先行采用暂时价格成交,实际结算时按商检品质认定或者国际市场实际价格付款方式需要修改申报内容的。

⑤ 已申报进口货物办理直接退运手续,需要修改或者撤销原进口货物报关单的。

⑥ 因计算机、网络系统等技术原因导致电子数据申报错误的。

海关主动要求当事人办理修改或撤销报关单的情形

海关发现报关单需要修改或撤销，可采取以下方式主动要求当事人修改或撤销

① 将电子数据报关单退回，并详细说明修改的原因和要求，当事人应当按照海关要求进行修改后重新提交，不得对报关单其他内容进行变更。

② 向当事人制发进出口货物报关单修改/撤销确认书，通知当事人要求修改或者撤销的内容，当事人应当在5日内对进出口货物报关单修改或者撤销的内容进行确认，确认后完成对报关单的修改或撤销。

以下情形之一，海关可直接撤销相应的电子数据报关单（不可抗力除外）

① 海关将电子数据报关单退回修改，当事人未在规定期限内重新发送的。

② 海关审结电子数据报关单后，当事人未在规定期限内递交纸质报关单的。

③ 出口货物申报后未在规定期限内运抵海关监管场所的。

④ 海关总署规定的其他情形。

需注意

① 进出口货物报关单修改或撤销遵循修改优先原则，确实不能修改的，予以撤销。

② 进出口货物报关单修改或撤销后，纸质报关单和电子数据报关单要保持一致。

③ 对于报关人员操作或者书写失误造成申报内容需要修改或者撤销的，当事人向海关提交有关材料后，海关未发现报关人员存在逃避海关监管行为的，可以修改或者撤销报关单；不予修改或者撤销的，海关应当及时通知当事人，并且说明理由。

④ 海关已经决定布控、查验，以及涉嫌走私或者违反海关监管规定的进出口货物，在办结相关手续前不得修改或者撤销报关单及其电子数据。

取消进境货物直接退运核准

直接退运货物是指进口货物收货人、原运输工具负责人或者其代理人在有关货物进境后、办结海关放行手续前，因海关责令或有正当理由获准退运境外的货物。

适用范围

① 货物进境后、办结海关放行手续前，进口货物收发货人、原运输工具负责人或者其代理人将全部或部分货物直接退运境外。

② 海关根据国家有关规定责令直接退运的。

不适用的情形

进口转关货物在进境地海关放行后，当事人办理退运手续的，当事人应当按照一般退运手续办理，不适用直接退运货物相关规定。

进出口企业管理人员办理海关事务法律指引
JINCHUKOU QIYE GUANLI RENYUAN BANLI HAIGUAN SHIWU FALÜ ZHIYIN

当事人向海关办理直接退运手续的情形

① 因为国家贸易管理政策调整，收货人无法提供相关证件的。

② 属于错发、误卸或者溢卸货物，能够提供发货人或者承运人书面证明文书的。

③ 收发货人双方协商一致同意退运，能够提供双方同意退运的书面证明书的。

④ 有关贸易发生纠纷，能够提供已生效的法院判决书、仲裁机构仲裁决定书或者无争议的有效货物所有权凭证。

⑤ 货物残损或者国家检验检疫不合格，能够提供国家检验检疫部门出具的相关检验证明文书的。

海关责令当事人将进口货物直接退运境外的情形

① 货物属于国家禁止进口的货物，已经海关依法处理的。

② 违反国家检验检疫政策法规，已经国家检验检疫部门处理并出具检验检疫处理通知书或者其他证明文书的。

③ 未经许可擅自进口属于国家限制进口的固体废物，已经海关依法处理的。

④ 违反国家有关法律、法规，应当责令直接退运的其他情形。

需注意

① 直接退运的货物不验核进出口许可证或者其他监管证件，免于征收进出口环节税费及滞报金，不列入海关统计。

② 进境货物直接退运应当从原进境地口岸退运出境。由于运输原因需要改变运输方式或者由另一口岸退运出境的，应当经原进境地海关批准后，以转关运输方式出境。

第二部分 热点改革全图解

时间	措施	事项	依据
2013年11月	取消	加工贸易备案（变更）、外发加工、深加工结转、余料结转、核销、放弃核准	国发〔2013〕44号
		进境货物直接退运核准	
2014年7月	取消	报关员资格核准	国发〔2014〕27号
		报关单修改、撤销审批	
2014年10月	取消	保税工厂设立	国发〔2014〕50号
		进料加工保税集团登记	
2015年2月	取消	关税及进口环节海关代征税延期缴纳审批	国发〔2015〕11号
		关税及进口环节海关代征税滞纳金减免审批	
2015年5月	取消并转为政府内部审批	口岸对外开放审批	国发〔2015〕27号
		地方政府申请中、外籍民用飞机从我国非对外开放和限制开放机场出入境、陆路边境临时开放审核	
2015年5月	取消并转为其他权力行为	减免进口货物滞报金审批	审改办函〔2015〕32号
		减征、免征关税及进口环节海关代征税审批	

43

第三部分
基本规定
JIBEN GUIDING

企业管理篇

概 述

企业按规定在海关办理注册登记成为报关单位,报关单位注册登记分为报关企业注册登记和进出口货物收发货人注册登记。报关单位可以在办理注册登记手续的同时办理所属报关人员备案。

进出口货物收发货人是指依法直接进口或者出口货物的中华人民共和国关境内的法人、其他组织或者个人。

报关企业是指按规定经海关准予注册登记,接受进出口货物收发货人的委托,以委托人的名义或以自己的名义,向海关办理代理报关业务,从事报关服务的中华人民共和国关境内的企业法人。

报关从业人员是指经报关单位向海关备案,专门负责办理所在本单位报关业务的人员。

企业信用管理是指海关根据企业信用状况将企业认定为认证企业、一般信用企业和失信企业,按照诚信守法便利、失信违法惩戒原则,分别适用相应的管理措施。

法规摘编

● 报关单位办理报关业务应当遵守国家有关法律、行政法规和海关规章的规定,承担相应的法律责任。报关单位对其所属报关人员的报关行为应当承担相应的法律责任。

——《中华人民共和国海关报关单位注册登记管理规定》（以下简称《海关报关单位注册登记管理规定》）（海关总署令第 221 号）第三条

● 报关企业应当经所在地直属海关或者其授权的隶属海关办理注册登记许可后，方能办理报关业务。

——《海关报关单位注册登记管理规定》（海关总署令第 221 号）第五条

● 进出口货物收发货人可以直接到所在地海关办理注册登记。

——《海关报关单位注册登记管理规定》（海关总署令第 221 号）第五条

● 报关单位所属人员从事报关业务的，报关单位应当到海关办理备案手续，海关予以核发。

——《海关报关单位注册登记管理规定》（海关总署令第 221 号）第五条

● 海关根据企业信用状况将企业认定为认证企业、一般信用企业和失信企业，按照诚信守法便利、失信违法惩戒原则，分别适用相应的管理措施。

——《中华人民共和国海关企业信用管理暂行办法》（以下简称《海关企业信用管理暂行办法》）（海关总署令第 225 号）第三条

● 认证企业是中国海关经认证的经营者（AEO），中国海关依法开展与其他国家或者地区海关的 AEO 互认，并给予互认 AEO 企业相应通关便利措施。

——《海关企业信用管理暂行办法》（海关总署令第 225 号）第四条

重点问题

问题 1　我公司为什么要办理海关注册备案？

😊 企业办理海关注册登记备案手续是企业向海关办理进出口货物申报、申请加工贸易手册等海关业务的前提条件。未向海关注册登记备案的企业无法作为经营单位或申报单位向海关办理进出口货物报关单的申报手续，无法办理海关加工贸易手册等海关业务。

问题 2　"中华人民共和国海关报关单位注册登记证书"有效期是多长时间？是否需要每年去海关办理换证或延续手续？

😊 进出口货物收发货人"中华人民共和国海关报关单位注册登记证书"长期有效，企业应当在每年的 6 月 30 日前向注册地海关提交"报关单位注册信息年度报告"。

报关企业注册登记许可期限为两年，报关有效期届满 40 日前向海关申请延续。报关企业分支机构备案有效期为两年，报关有效期届满前 30 日到所在地海关办理换证手续。

问题 3　逾期未向海关提交"报关单位注册信息年度报告"或报关企业未办理延续手续会对企业产生什么影响？

😊 报关单位逾期未向海关提交"报关单位注册信息年度报告"或报关企业未按规定办理延续手续，相关单位不能办理海关业务；企业需提交"报关单位注册信息年度报告"、报关企业需重新申请注册登记许可后方能正常办理报关业务。

问题 4　"中华人民共和国海关报关单位注册登记证书"发生遗失，企业应如何处理？

☺ "中华人民共和国海关报关单位注册登记证书"发生遗失的，企业应当及时书面向海关说明情况，海关自收到情况说明之日起20个工作日内应当予以补发。在补办期间，报关单位可以办理报关业务。

问题 5　我公司在什么情况下，需要到海关办理注册登记变更手续？

☺ 进出口货物收发货人单位名称、企业性质、企业住所、法定代表人（负责人）信息等海关注册登记内容发生变更的，应当自批准变更之日起30个工作日内，向注册地海关提交变更后的工商营业执照或者其他批准文件及复印件，办理变更手续。企业名称、企业性质、企业住所、法定代表人（负责人）等海关注册登记内容发生变更，未按照规定向海关办理变更手续的，海关予以警告，责令其改正，可以处1万元以下罚款。

报关企业除单位名称、法定代表人等海关注册登记内容发生变更需向海关提交许可变更申请外，其他海关注册信息发生变更时，办理方法同进出口货物收发货人。

所属报关人员发生变更的，报关单位应当在变更事实发生之日起30个工作日内，持变更证明文件等相关材料到注册地海关办理变更手续。

问题 6　我公司在海关办理完进出口货物收发货人注册登记后，是否可以在其他关区报关？

☺ 进出口货物收发货人在海关办理注册登记后可以在中华人民共和国关境内各个口岸或者海关监管业务集中的地点办理本企业的报关业务。

报关企业在取得注册登记许可的直属海关关区内从事报关服务，在关区外从事报关服务的，应当依法设立分支机构，并且向分支机构所在地海关备案。报关企业在取得注册登记许可的直属海关关区内从事报关服务的，可以设立分支机构，并且向分支机构所在地海关备案。

根据长江经济带海关区域通关一体化改革方案，在长江经济带包括的12个直属海关内，允许代理报关企业"一地注册，多地报关"；允许区域外报关企业在区域内设立的分支机构，在区域海关直接报关。

问题 7　我公司是否能同时拥有进出口货物收发货人和报关企业双重身份？

☺ 海关特殊监管区域内企业可以申请注册登记成为特殊监管区域双重身份企业，海关按照报关企业有关规定办理注册登记手续。特殊监管区域双重身份企业在海关特殊监管区域内拥有进出口货物收发货人和报关企业双重身份，在海关特殊监管区外仅具有报关企业身份。除海关特殊监管区域双重身份企业外，报关单位不得同时在海关注册登记为进出口货物收发货人和报关企业。

问题 8　我公司是不具备独立法人资格的分公司，是否可以作为进出口货物收发货人分支机构办理海关注册登记手续？

☺ 进出口货物收发货人的分支机构无论是否取得对外贸易经营者备案登记表，暂时不能在海关办理注册登记。海关总署将出台相关政策规定有条件的放开进出口货物收发货人分支机构注册登记。目前若分支机构需要报关的，应使用总公司的注册登记编码报关。

问题 9　海关对企业的报关专用章有何规定？

😊 报关专用章应当包含报关单位名称的全称和"报关专用章"字样，形状应当为椭圆形，长轴为50毫米，短轴为36毫米，具体样式由各直属海关对外公告。进出口货物收发货人的报关专用章可以在全国各口岸地或者海关监管业务集中地通用。

问题 10　公司破产后还要不要到海关办理什么手续？

😊 报关单位有下列情形之一的，应当以书面形式向注册地海关报告。海关在办结有关手续后，应当依法办理注销注册登记手续：

（1）破产、解散、自行放弃报关权或者分立成两个以上新企业的；

（2）被工商行政管理机关注销登记或者吊销营业执照的；

（3）丧失独立承担责任能力的；

（4）报关企业丧失注册登记许可的；

（5）进出口货物收发货人的对外贸易经营者备案登记表或者外商投资企业批准证书失效的；

（6）其他依法应当注销注册登记的情形。

问题 11　报关员资格考试取消后，海关对报关人员有何要求？我公司应如何提高所属报关人员业务水平？

😊 海关取消报关员资格考试后对报关人员从业不再设置门槛和准入条件。但报关人员需持填妥的报关单位情况登记表及企业所属相关人员身份证件至注册地海关办理报关人员备案。海关对报关单位办理海关业务中出现的报关差错予以记录，并对外公布。

报关人员由企业自主聘用，由报关协会自律管理，海关通过指导、督促报关单位加强内部管理实现对报关从业人员的间接规范。

问题 12　我公司所属的报关人员离职，需向海关办理哪些手续？

😊 所属报关人员备案内容发生变更的，相关企业应该在变更事实发生之日起 30 个工作日内，持变更证明文件等相关材料到注册地海关办理变更手续。

问题 13　我公司的企业信用状况如何认定？

😊 海关根据企业信用状况进行认定：

（1）认证企业应当符合《海关认证企业标准》。《海关认证企业标准》分为一般认证企业标准和高级认证企业标准，由海关总署制定并对外公布（详见海关总署公告 2014 年第 82 号）。《海关认证企业标准》分为内部控制、财务状况、守法规范、贸易安全和附加标准五大类。

（2）企业有下列情形之一的，海关认定为失信企业：

①有走私犯罪或者走私行为的；

②非报关企业 1 年内违反海关监管规定行为次数超过上年度报关单、进出境备案清单等相关单证总票数千分之一且被海关行政处罚金额超过 10 万元的违规行为两次以上的，或者被海关行政处罚金额累计超过 100 万元的；

报关企业 1 年内违反海关监管规定行为次数超过上年度报关单、进出境备案清单总票数万分之五的，或者被海关行政处罚金额累计超过 10 万元的；

③拖欠应缴税款、应缴罚没款项的；

④上一季度报关差错率超过同期全国平均报关差错率 1 倍以上的；

⑤经过实地查看，确认企业登记的信息失实且无法与企业取得联系的；

⑥被海关依法暂停从事报关业务的；

⑦涉嫌走私、违反海关监管规定拒不配合海关进行调查的；

⑧假借海关或者其他企业名义获取不当利益的；

⑨弄虚作假、伪造企业信用信息的；

⑩其他海关认定为失信企业的情形。

（3）企业有下列情形之一的，海关认定为一般信用企业：

①首次注册登记的企业；

②认证企业不再符合规定的条件，且未发生失信企业所列情形的；

③适用失信企业管理满1年，且未再发生失信企业所列情形的。

问题14　我公司如何成为认证企业？

企业可对照《海关认证企业标准》进行自评，符合标准的，向注册地海关提交"适用认证企业管理申请书"和自我评估报告，海关按照《海关认证企业标准》对企业实施认证。

海关应当自收到企业书面认证申请之日起90日内作出认证结论。特殊情形下，海关认证时限可以延长30日。

问题15　我公司成为认证企业后可以享受哪些海关优惠措施？

一般认证企业适用下列管理原则和措施：

（1）较低进出口货物查验率；

（2）简化进出口货物单证审核；

（3）优先办理进出口货物通关手续；

（4）海关总署规定的其他管理原则和措施。

高级认证企业除适用一般认证企业管理原则和措施外，还适用下列管理措施：

（1）在确定进出口货物的商品归类、海关估价、原产地或者办结其他海关手续前先行办理验放手续；

（2）海关为企业设立协调员；

（3）对从事加工贸易的企业，不实行银行保证金台账制度；

（4）AEO 互认国家或者地区海关提供的通关便利措施。

认证企业涉嫌走私被立案侦查或者调查的，海关暂停适用相应管理措施，按照一般信用企业进行管理。

问题 16　我公司如果被认定为失信企业，将会适用哪些海关管理措施？

☺ 失信企业适用海关下列管理原则和措施：

（1）较高进出口货物查验率；

（2）进出口货物单证重点审核；

（3）加工贸易等环节实施重点监管；

（4）海关总署规定的其他管理原则和措施。

问题 17　我公司的信用等级会被海关调整吗？

☺ 海关对企业信用状况的认定结果实施动态调整，发现有应当调整企业信用等级的，将在核实后进行处理。海关对高级认证企业每 3 年重新认证一次，对一般认证企业不定期重新认证。适用失信企业管理满 1 年，且未再发生失信企业情形的，海关将其调整为一般信用企业管理。

问题 18　我公司如果发生变更，企业信用状况如何认定？

☺ 企业名称或者海关注册编码发生变更的，海关对企业信用状况的认定结果和管理措施继续适用。

企业有下列情形之一的，按照以下原则作出调整：

（1）企业发生存续分立，分立后的存续企业承继分立前企业的主要权利义务的，适用海关对分立前企业的信用状况认定结果和管理措施，其余的分立企业视为首次注册企业；

（2）企业发生解散分立，分立企业视为首次注册企业；

（3）企业发生吸收合并，合并企业适用海关对合并后存续企业的信用状况认定结果和管理措施；

（4）企业发生新设合并，合并企业视为首次注册企业。

问题 19　我公司信息会被公示吗？

海关采集能够反映企业进出口信用状况的相关信息，建立企业信用信息管理系统，并在保护国家秘密、商业秘密和个人隐私的前提下，通过中国海关企业进出口信用信息公示平台（网址：http://credit.customs.gov.cn），向社会公示在海关注册登记企业的信用信息。公示内容包括：

（1）企业在海关注册登记信息；

（2）海关对企业信用状况的认定结果；

（3）企业行政处罚信息；

（4）其他应当公示的企业信息。

海关对企业行政处罚信息的公示期限为 5 年。

问题 20　按照《中华人民共和国海关企业分类管理办法》评定的各管理类别企业如何过渡？

自 2014 年 12 月 1 日起，按照《中华人民共和国海关企业分类管理办法》适用 AA 类管理的企业过渡为高级认证企业；适用 A 类管理的企业过渡为一般认证企业；适用 B 类管理的企业过渡为一般信用企业；适用 C 类、D 类管理的企业，海关按照《海关企业信用管理暂行办法》重新认定企业信用等级。

问题 21　什么是 AEO 制度？我公司如何获得 AEO 资格？

☺ AEO 制度，即"经认证的经营者制度"，也就是企业符合海关的要求，通过了海关的认证，即享受到海关给予的便利；通过各国海关与海关之间的合作，最终实现在全球的通关便利。

中国海关经认证的经营者（AEO），是指以任何一种方式参与货物国际流通，符合《海关企业信用管理暂行办法》规定的条件及《海关认证企业标准》并通过海关认证的企业。企业要获得 AEO 资格，需通过海关认证。

我国正与多个国家和地区开展 AEO 互认合作，当互认实现后，我国高级认证企业即可享受 AEO 互认国家或者地区海关提供的通关便利措施。目前我国已与新加坡、韩国、中国香港、欧盟签署了互认安排。

问题 22　我公司是国内一家汽车生产厂商，海关评定的高级认证企业，经常从韩国进口汽车配件，现在中韩两国优秀企业可以进行企业制度互认，想了解一下如果成为中韩互认企业，需符合什么要求？能享有哪些通关便利？

☺ 根据《关于正式实施中韩海关"经认证的经营者（AEO）"互认的公告》（海关总署公告 2014 年第 20 号），我国海关接受韩国海关认证的进出口安全管理优秀企业为韩国的"经认证的经营者"企业，韩国海关接受我国海关认证的高级认证进出口企业为我国的 AEO 企业。双方海关相互给予对方 AEO 企业的进口货物如下通关便利措施：降低进口货物查验率；简化进口货物单证审核；进口货物优先通关；设立海关联络员，协调解决企业通关中的问题；非常时期的优先处置。

问题 23 我公司为美资生产厂，现在接到美国方面的通知，需要配合申请参与中美 C-TPAT 联合验证，想了解一下应该如何申请参加该联合验证？

☺ 符合相关条件的中国企业在接到美国进口商的相关通知后，须向企业注册地的直属海关提出参加中美 C-TPAT 联合验证的申请。申请材料包括：

（1）关于参加中美 C-TPAT 联合验证的申请；

（2）中美 C-TPAT 联合验证项目企业自我评估表。

最终参加中美 C-TPAT 联合验证的企业名单由海关总署根据企业申请的情况与 CBP（美国海关及边防局）共同确定。具体验证的行程由中美双方海关分别通知中方企业及美方进口商。

案例分析

案例 1 报关企业有违规记录，是否符合一般认证企业标准

【简况】某报关公司 2014 年度代理的报关单和进出境备案清单总数为 8000 票，因违反海关监管规定行为分别于 2015 年 1 月、3 月被海关行政处罚，处罚金额分别为 2.8 万元、2.7 万元，且均非企业自查发现的情形。该报关公司想申请成为一般认证企业，经审核该公司不符合一般认证企业的标准。

【法律提示】根据《海关认证企业标准（一般认证）》中第 14 项关于

违法记录的规定,报关企业需满足:

(1)连续两年无走私犯罪、走私行为。

(2)1年内因违反海关监管规定被处罚金额超过1万元且3万元以下的行为不超过1次。

(3)1年内违反海关监管规定行为的次数不超过企业上年度代理申报报关单及进出境备案清单总票数比率不超过万分之三,且处罚金额累计5万元以下。(企业自查发现并主动向海关报明,被海关处以警告以及1万元以下罚款的除外)。

该报关公司两次受处罚金额均在1万元以上;1年内违反海关监管规定行为的次数与上年度代理申报报关单及进出境备案清单总票数的比率为0.025%,不超过万分之三,但处罚金额累计为5.5万元,超过规定。因此,该报关公司不符合一般认证企业的标准。

案例2 贸易公司多次违规,海关认定失信企业

【简况】某进出口贸易公司2014年度报关单和进出境备案清单总数为5000票,同时2015年1~5月期间因为违反海关监管规定行为被海关6次行政处罚,处罚金额分别为2.8万元、12万元、9万元、15万元、10万元和5000元,且均非企业自查发现的情形。经审核,该公司被海关认定为失信企业。

【法律提示】根据《海关企业信用管理暂行办法》(海关总署令第225号)中第十条的规定:非报关企业1年内违反海关监管规定行为次数超过上年度报关单、进出境备案清单等相关单证总票数千分之一且被海关行政处罚金额超过10万元的违规行为2次以上的,或者被海关行政处罚金额累

计超过 100 万元的，海关认定为失信企业。

该贸易公司 1 年中违反海关监管规定行为的次数为 6 次，且与上年度报关单及进出境备案清单总票数的比率为 0.12%，超过千分之一，且有 2 次被海关行政处罚金额超过 10 万元。因此，该贸易公司被海关认定为失信企业。

法规索引

1.《中华人民共和国海关报关单位注册登记管理规定》（海关总署令第 221 号，2014 年发布）

2.《海关企业信用管理暂行办法》（海关总署令第 225 号，2014 年发布）

3.《海关总署关于公布〈中华人民共和国海关企业信用管理暂行办法〉所涉及法律文书格式的公告》（海关总署公告 2014 年第 75 号）

4.《海关总署关于〈中华人民共和国海关企业信用管理暂行办法〉实施相关事项的公告》（海关总署公告 2014 年第 81 号）

5.《海关总署关于公布〈海关认证企业标准〉的公告》（海关总署公告 2014 年第 82 号）

6.《海关总署关于与新加坡关税局全面实施"经认证的经营者（AEO）"互认的公告》（海关总署公告 2013 年第 13 号）

7.《海关总署关于正式实施中韩海关"经认证的经营者（AEO）"互认的公告》（海关总署公告 2014 年第 20 号）

8.《海关总署关于在陆路口岸实施内港海关"经认证的经营者（AEO）"互认的公告》（海关总署公告 2014 年第 38 号）

监管通关篇

概　述

为了维护国家的主权和利益，促进对外经济贸易和科技文化交往，保障社会主义现代化建设，中华人民共和国海关作为国家的进出关境（以下简称进出境）监督管理机关，依法监管进出境的运输工具、货物、行李物品、邮递物品和其他物品（以下简称进出境运输工具、货物、物品），征收关税和其他税、费。进出境运输工具、货物、物品，必须通过设立海关的地点进境或者出境，并向海关申报。海关依法对逃避海关监管、偷逃应纳税款、逃避国家有关进出境的禁止性或者限制性管理的行为进行查处。

法规摘编

● 中华人民共和国海关是国家的进出关境（以下简称进出境）监督管理机关。海关依照本法和其他有关法律、行政法规，监管进出境的运输工具、货物、行李物品、邮递物品和其他物品（以下简称进出境运输工具、货物、物品），征收关税和其他税、费，查缉走私，并编制海关统计和办理其他海关业务。

——《海关法》（主席令第35号）第二条

● 进口货物自进境起到办结海关手续止，出口货物自向海关申报起到出境止，过境、转运和通运货物自进境起到出境止，应当接受海关监管。

——《海关法》（主席令第 35 号）第二十三条

● 进口货物的收货人、出口货物的发货人应当向海关如实申报，交验进出口许可证件和有关单证。

——《海关法》（主席令第 35 号）第二十四条

● 进出口货物的收发货人、受委托的报关企业应当依法如实向海关申报，对申报内容的真实性、准确性、完整性和规范性承担相应的法律责任。

——《中华人民共和国海关进出口货物申报管理规定》（海关总署第 103 号令）第七条

● 监管场所内只能存放海关监管货物。监管场所内液/气体化工品、易燃易爆危险品、有毒及放射性货物应当带有明显标志，并不得与其他类货物一起存放。

——《中华人民共和国海关监管场所管理办法》（海关总署令第 171 号）第十七条

● 根据海关监管需要，经营企业应当在监管场所出入通道设置卡口，派员值守，并配备相应设备，与海关计算机联网。

对集中在同一个封闭区域内分散经营的监管场所，经营企业可以在进出通道设置统一卡口，并设置独立的海关集中查验场地。

海关认为必要时，可以派员实施卡口监管，核实、放行海关监管运输工具、货物。

——《中华人民共和国海关监管场所管理办法》（海关总署令第 171 号）

第二十条

● 查验货物时,进出口货物收发货人或者其代理人应当到场,负责按照海关要求搬移货物,开拆和重封货物的包装,并如实回答查验人员的询问及提供必要的资料。

——《中华人民共和国海关进出口货物查验管理办法》(以下简称《海关进出口货物查验管理办法》)(海关总署令第138号)第七条

● 因进出口货物所具有的特殊属性,容易因开启、搬运不当等原因导致货物损毁,需要查验人员在查验过程中予以特别注意的,进出口货物收发货人或者其代理人应当在海关实施查验前声明。

——《海关进出口货物查验管理办法》(海关总署令第138号)第八条

● 对于危险品或者鲜活、易腐、易烂、易失效、易变质等不宜长期保存的货物,以及因其他特殊情况需要紧急验放的货物,经进出口货物收发货人或者其代理人申请,海关可以优先安排查验。

——《海关进出口货物查验管理办法》(海关总署令第138号)第十三条

重点问题

问题1 我公司想开展无纸化通关业务,应该注意哪些事项?

(1)企业资质:所有B类及以上进出口企业均可申请开展无纸化通关业务。

(2)申请方式:企业通过"中国电子口岸通关无纸化签约系统"向办

理进出口业务对应的直属海关发送《通关作业无纸化协议》，待主管海关审核通过后即可选择无纸报关。协议签订后，海关和企业均可解约。

（3）上传单据：

①加工贸易及保税类进口报关单需要上传发票；

②非加工贸易及保税类进口报关单需要上传合同、发票；

③出口货物各类报关单均不需要上传合同、发票、装箱清单、载货清单（舱单）等随附单证。

未使用代理报关委托书/代理报关委托协议电子系统的，应上传代理报关委托书电子扫描文件。海关通关现场在审核时如有需要，可要求企业补传随附单据。

问题 2　能否解释一下海关"分类通关"管理模式的含义？

分类通关是指海关通过科学运用风险管理的理念和方法，以企业守法管理为基础，综合企业类别、商品归类、价格、原产地、监管证件、贸易国别、航线、物流信息等各类风险要素，按照风险高低对不同企业进出口的货物实施分类，在通关过程中采取不同的管理要求和管理程序，实施差别化作业的通关管理模式。货物申报后，海关通关 H2010 系统对电子数据报关单进行实时风险分析，按风险高低进行区分，并完成对报关单的电子审核。对进入红通道需要专业审单的报关单由审单部门实施专业审单；对其他报关单直接转现场处置。现场海关按风险高低分别实施"低风险快速放行"、"低风险单证审核"、"中风险单证审核"、"高风险重点审核"四种通关作业方式。

对被判别为"低风险快速放行"的报关单，计算机自动接单，现场直接进入报关单放行操作环节；对开通了运抵报告电子传输功能及实现与场站系统联网的海关，计算机可对"低风险快速放行"通关作业无纸化报关单进行自动放行操作。

问题3 我公司注册地为江苏南京，但货物主要从上海海关进口。我公司能否在南京海关办理申报纳税手续，在上海海关办理货物放行手续？

☺ 可采用"狭义一体化"通关模式进行申报。即，货物进出口口岸海关与企业属地海关同属长江经济带9省2市范围内的，企业可自主选择向经营单位注册地、货物实际进出境地海关或者其直属海关集中报关点办理申报、纳税和查验放行手续。

如需查验，企业可根据物流实际需求，自主选择在口岸或属地海关监管场所实施查验。

> **海关提醒**：采用"狭义一体化"通关模式的企业的注册地必须与货物进出口口岸同在一个规定区域内。货物货源地或目的地与货物进出口口岸同在一个规定区域内，但企业注册地不在该规定区域的，不能采用此通关模式。

问题4 我公司进口的原料在办理通关手续前，因国内市场变化，不需要使用，经与国外发货方协商，外方同意我公司将该批进口原料退回。我公司应办理何种手续？是否需要缴纳税款？

☺ 可以向海关办理直接退运手续，如为转关货物则办理一般退运手续，不需要缴纳税款。

直接退运就是指货物进境后、办结海关放行手续前，进口货物收发货人、原运输工具负责人或者其代理人（以下统称当事人）将全部或者部分货物直接退运境外，以及海关根据国家有关规定责令直接退运。

有下列情形之一的，当事人可以向货物所在地海关办理直接退运手续：

（1）因为国家贸易管理政策调整，收货人无法提供相关证件的；

（2）属于错发、误卸或者溢卸货物，能够提供发货人或者承运人书面证明文书的；

（3）收发货人双方协商一致同意退运，能够提供双方同意退运的书面证明文书的；

（4）有关贸易发生纠纷，能够提供已生效的法院判决书、仲裁机构仲裁决定书或者无争议的有效货物所有权凭证的；

（5）货物残损或者国家检验检疫不合格，能够提供国家检验检疫部门出具的相关检验证明文书的。

有下列情形之一的，海关将责令当事人将进口货物直接退运境外：

（1）货物属于国家禁止进口的货物，已经海关依法处理的；

（2）违反国家检验检疫政策法规，已经国家检验检疫部门处理并且出具"检验检疫处理通知书"或者其他证明文书的；

（3）未经许可擅自进口属于限制进口的固体废物，已经海关依法处理的；

（4）违反国家有关法律、行政法规，应当责令直接退运的其他情形。

> **海关提醒**：进口转关货物在进境地海关放行后，当事人办理退运手续的，不适用直接退运，当事人应当按照一般退运手续办理。对于收发货人双方协商一致同意退运的，必须提供双方同意退运的书面证明文书；不能是单方面意愿的表示。

问题 5 如何知道我公司计划进口的货物是否属于国家禁限商品？进口前要办理什么手续？

我国目前对进出口货物实施禁止、限制和自由进出口的分类管理。国家禁止进出口的货物，任何企业不得进出口；国家限制进出口的货物，进出口申报前需取得国家相关主管部门签发的相应进出口许可证件；国家实行进口自动许可管理的自由进口货物，进口申报前需取得国家相关主管部门签发的相应自动进口许可证件。

禁止进出口商品主要是涉及国家、人生、生产及生态环境安全的商品。禁止进口的商品主要包括虎骨、犀牛角、鸦片液汁及浸膏，锅炉、医疗设备、汽车、游戏机等旧机电产品，有毒化学品等6批禁止进口货物目录规定的商品；禁止出口的主要包括虎骨、犀牛角、牛黄、麝香、麻黄草、发菜，原木，木炭，有毒化学品，天然砂，森林凋落物、泥炭（草炭）等5批禁止出口货物目录规定的商品和国家临时决定禁止出口的特定货物、技术，以及国家其他法律、行政法规规定禁止进出口的商品。

限制进出口的商品主要包括进出口许可证管理商品、两用物项和技术、濒危野生动植物种、黄金及其制品、一般药品、麻醉药品、精神药品、兴奋剂、农药、有毒化学品等商品。

自动进口许可的商品主要包括牛肉、猪肉及副产品、羊肉、肉鸡、鲜奶、奶粉、大豆、油菜子、植物油、豆粕、烟草、二醋酸纤维丝束、铜精矿、煤、铁矿石、铝土矿、原油、成品油、氧化铝、化肥、钢材等商品和一些机电类商品。

> **海关提醒**：上述禁止类、限制类、自动类进出口商品的范围，国务院主管部门每年均会在年初发布公告，企业也可通过中国海关互联网门户网站（地址：http://www.customs.gov.cn）、12360海关统一服务热线（免费公众电话"12360"及微博、微信）进行查询，请务必慎重核实后再商定进口计划；企业进出口申报时，如果海关查明货物属于禁止进出口货物或者未能按规定提交相应许可证件的，海关将依法予以处罚。

问题 6　来料加工进口的料件涉及监管条件是 Q 即进口药品通关单，是否需要提交进口药品通关单？

😊 经批准以加工贸易方式进口的原料药、药材，免予办理进口备案和口岸检验等进口手续，其原料药及制成品禁止转为内销。确因特殊情况无法出口的，移交地方药品监督管理部门按规定处理，海关予以核销。

问题 7　我公司出口商品编码 29214110 项下的苯胺，涉及有毒化学品环境管理放行通知单，因货物要分三批出口，试问这一张通知单能不能分三次使用？

😊 有毒化学品环境管理放行通知单在报关时一次性有效。海关接受报关后，应收回通知单正本，并与报关单一并存档。因此，贵公司一张通知单不能分三次使用。

问题 8　我公司进口一台纺纱机，涉及自动进口许可证，但是按照暂时进出口货物方式申报的，请问是否可以免予提交自动进口许可证？

😊 暂时进口的海关监管货物，可以免领自动进口许可证。如贵公司进口货物确属暂时进境货物，可免予提交自动进口许可证。

问题 9　我公司打算从境外以暂时进境的方式进口一批货物，查询该商品监管条件涉及两用物项和技术进口许可证，请问暂时进出口方式还需要办理许可证吗？

😊 两用物项和技术在境内与保税区、出口加工区等海关特殊监管区域、保税场所之间进出的，或者在上述海关特殊监管区域、保税场所之间进出的，无须办理两用物项和技术进出口许可证。除此之外，以任何方式进口或出口，以及过境、转运、通运《两用物项和技术进出口许可证管理目录》中的两用物项和技术，均应申领两用物项和技术进口或出口许可证。贵公司以暂时进境方式进口货物，需要提供两用物项和技术进口许可证。

问题 10 我公司是综合保税区内一家生产企业，之前因为生产需要在境内区外采购了一批生产设备，现在这批设备需要内销到区外一家企业，请问具体办理时还需要提交相关许可证件吗？

☺ 对于综合保税区、保税港区内企业采购的国产设备需出区内销的，企业免予提交配额、许可证件。

问题 11 我公司于 2010 年 1 月申报办理了一票货物进口，由于报关备份的单证材料全部遗失，能否到海关查询并复印备份？

☺ 对于报关单证，海关自进出口货物解除监管之日起保存 3 年。对已超过保存期限的报关单证，海关予以销毁。如企业的报关单证在货物监管期限届满 3 年内，可以到海关查询并复印备份；如已超出上述期限，则无法查询。贵公司的报关单证材料已经超过 3 年期限，无法到海关查询并复印备份。

问题 12 我公司有一批货物，需要暂时进出境使用，待使用完毕后仍然原样返回，应如何申报？

☺ 您的情况如果符合以下范围的话，可以申请以暂时进出境的形式进行申报：

（1）在展览会、交易会、会议及类似活动中使用的货物；

（2）文化、体育交流活动中使用的表演、比赛用品；

（3）进行新闻报道或者摄制电影、电视节目使用的仪器、设备及用品；

（4）开展科研、教学、医疗活动使用的仪器、设备和用品；

（5）在上述第（1）项至第（4）项所列活动中使用的交通工具及特种车辆；

（6）用于操作演示，供订货参考以及被检测、测试的货物样品（不包括同一收发货人进出口超过合理数量的相同货物）；

（7）慈善活动使用的仪器、设备及用品；

（8）供安装、调试、检测、修理设备时使用的仪器及工具；

（9）盛装货物的容器；

（10）旅游用自驾交通工具及其用品；

（11）工程施工中使用的设备、仪器及用品；

（12）海关批准的其他暂时进出境货物。

上述除（7）、（10）、（11）项以外的暂时进出境货物，经海关批准在进境或者出境时，纳税义务人向海关缴纳相当于应纳税款的保证金或者提供其他担保的，可以暂不缴纳关税，并应当自进境或者出境之日起6个月内复运出境或者复运进境。上述所列暂准进境货物在规定的期限内未复运出境的，或者暂准出境货物在规定的期限内未复运进境的，海关依法征收关税。上述所列可以暂时免征关税范围以外的其他暂准进境货物，按照该货物的完税价格和其在境内滞留时间与折旧时间的比例计算征收进口关税。

海关提醒：不复运进出境的货样广告品有专门的贸易方式，对于此类商品不能用暂时进出境方式申报。用于装载海关监管货物的进出境集装箱及进出境租赁货物、享有外交特权和豁免的外国驻华机构或者人员暂时进出境物品不包含在此范围。

问题 13　我公司想进境几辆测试用的"货样"车辆，是否可以申报为暂时进出境货物？

😊 对于作为"货样"暂时进境的测试车辆，应以进入中国市场为前提和目的，不以进入中国市场为前提和目的的车辆，纯粹是面向全球市场进行研发，主要用于在国内对前期设计和研制车辆的功能进行测试，或者以收集测试车辆各类研究数据为目的暂时进境测试车辆，如能够证明相关项目属国家重点项目，可经海关总署审批后，按照"海关批准的其他暂时进出境货物"办理暂时进出境手续。该类测试车辆原则上不能延期，期满必须复运出境不得留购。

问题 14　我公司有时会收到海关的进口货物滞报金收据，这是什么费用？

😊（1）滞报金的产生：进口货物的收货人应当自运输工具申报进境之日起、转关运输货物运抵指运地之日起 14 日内向海关申报，超过这个规定期限向海关申报的，由海关征收滞报金。

（2）滞报金的计算：滞报金的日征收金额为进口货物完税价格的千分之零点五，征收滞报金的计算公式为：进口货物完税价格 × 0.5‰ × 滞报期间。

（3）滞报金的减免：

下列情形，进口货物收货人可以向海关申请减免滞报金：政府主管部门有关贸易管理规定变更，要求收货人补充办理有关手续或者政府主管部门延迟签发许可证件，导致进口货物产生滞报的；产生滞报的进口货物属于政府间或国际组织无偿援助和捐赠用于救灾、社会公益福利等方面的进口物资或其他特殊货物的；因不可抗力导致收货人无法在规定期限内申报，从而产生滞报的；因海关及相关执法部门工作原因致使收货人无法在规定期限内申报，从而产生滞报的；其他特殊情况经海关批准的。

（4）进口货物进境后属下列情形之一的，海关不征收滞报金：进口货物收货人在运输工具申报进境之日起超过3个月未向海关申报，进口货物被依法变卖处理，余款按《海关法》第三十条规定上缴国库的；进口货物收货人在申报期限内，根据《海关法》有关规定向海关提供担保，并在担保期限内办理有关进口手续的；进口货物收货人申请并经海关依法审核同意，必须撤销原电子数据报关单重新申报，因删单重报所产生滞报的；进口货物经海关批准直接退运的；进口货物应征收滞报金金额不满人民币50元的。

> **海关提醒**：进口货物收货人申报并经海关依法审核，必须撤销原电子数据报关单重新申报的，经进口货物收货人申请并经海关审核同意，以撤销原报关单之日起第十五日为起征日。所以需要重新申报的报关单撤销后请及时重新申报。

问题15 我公司在复核已向海关申报单据的过程中，发现一些错误，可以向海关申请修改或者撤销吗？

😀 进出口货物收发货人或者其代理人确有如下正当理由的，可以向原接受申报的海关申请修改或者撤销进出口货物报关单，但海关已经决定布控、查验，以及涉嫌走私或者违反海关监管规定的进出口货物，在办结相关手续前不得修改或者撤销报关单及其电子数据。

（1）由于报关人员操作或者书写失误造成所申报的报关单内容有误，并且海关未发现报关人员存在逃避海关监管行为的；

（2）出口货物放行后，由于装运、配载等原因造成原申报货物部分或者全部退关、变更运输工具的；

（3）进出口货物在装载、运输、存储过程中发生溢短装，或者由于不可抗力造成灭失、短损等，导致原申报数据与实际货物不符的；

（4）由于办理退补税、海关事务担保等其他海关手续而需要修改或者撤销报关单数据的；

（5）根据贸易惯例先行采用暂时价格成交、实际结算时按商检品质认定或者国际市场实际价格付款方式需要修改申报内容的；

（6）已申报进口货物办理直接退运手续，需要修改或者撤销原进口货物报关单的；

（7）由于计算机、网络系统等技术原因导致电子数据申报错误的。

> **海关提醒**：海关在对报关单的修改或撤销申请进行审核时，如发现有违反《海关法》、《中华人民共和国海关行政处罚实施条例》（以下简称《海关行政处罚实施条例》）等相关法律法规的行为，将依法予以警告、科处罚款等行政处罚。

问题16 我公司进口的货物被布控查验了，我该如何办理查验手续？需要注意哪些问题呢？

根据《海关法》授权，海关为确定进出口货物收发货人向海关申报的内容是否与进出口货物的真实情况相符，或者为确定商品的归类、价格、原产地等，可以对进出口货物实施查验，依法对进出口货物进行实际核查。

对需查验的货物，现场海关应当在货物运抵海关监管区后、实施查验前，以签发"海关查验通知书"等形式，通知进出口货物收发货人或其代理人到场做好查验准备。

查验应当在海关监管区内实施；进出口货物运抵海关监管场所后，方可办理查验手续；因货物易受温度、静电、粉尘等自然因素影响，不宜在海关监管区内实施查验，或者因其他特殊原因，需要在海关监管区外查验的，经进出口货物收发货人或者其代理人书面申请，海关可以派员到海关监管区外实施查验。

查验应由海关查验部门实施，且由两名以上海关查验人员共同实施；查验人员实施查验时，应当着海关制式服装。

查验中进出口货物收发货人具有以下权利：

（1）进口货物的收货人经海关同意，可以在申报前查看货物或者提取货样；需要依法检疫的货物，应当在检疫合格后提取货样。

（2）对于危险品或者鲜活、易腐、易烂、易失效、易变质等不宜长期保存的货物，以及因其他特殊情况需要紧急验放的货物，可以申请海关优先安排查验。

（3）进出口货物收发货人或者其代理人按海关要求提供的有关单证和技术资料，凡涉及商业秘密，进出口货物收发货人或者其代理人可以书面申请海关依法予以保护。

查验中进出口货物收发货人应履行以下义务：

（1）海关查验货物时，进出口货物收发货人或者其代理人应当到场，负责按照海关要求搬移货物，开拆和重封货物的包装，并如实回答查验人员的询问及提供必要的资料。

（2）因进出口货物所具有的特殊属性，容易因开启、搬运不当等原因导致货物损毁，需要查验人员在查验过程中予以特别注意的，进出口货物收发货人或者其代理人应当在海关实施查验前声明。

（3）查验结束后，对查验人员填写的"海关货物查验记录单"，在场的进出口货物收发货人或者其代理人应当签名确认。

（4）因查验而产生的进出口货物搬移、开拆或者重封包装等费用，由进出口货物收发货人承担。

查验结束后，对查验未发现申报异常的进出口货物，在进出口货物收发货人缴清税款或者提供担保后，办理放行手续；经查验发现货物申报与实际状况不符的，按规定程序移交海关缉私、法规、审单等相关部门处理。

| **海关提醒**：海关实施查验不收取任何费用。

问题17　海关通知要对我公司进口的货物进行化验取样，我该如何办理呢？

😊 海关对进出口货物的属性、成分、含量、结构、品质、规格等无法确认的，可以依照《中华人民共和国海关化验管理办法》等有关规定办理取样化验。

进出口货物收发货人或其代理人应按要求予以协助：

（1）应及时提供样品的相关单证和技术资料。

（2）海关取样时，进出口货物收发货人或其代理人应到场协助。

（3）对取样有特定要求的，进出口货物收发货人或其代理人应给予专业技术协助。

（4）取样应使用清洁容器或物料包装，样品一式两份。在包装容器或样品上贴注标签的同时，需在包装容器的封口处施加经取样关员和进出口货物收发货人或其代理人双方签字的样品封条，当场封存。

（5）海关关员按规定格式和要求填写"中华人民共和国海关进出口货

物化验取样记录单",并于备注栏中注明所取两份平行样品的封条完整及封条编号等信息并签字确认后,进出口货物收发货人或其代理人需签字确认。

> **海关提醒**:进出口货物收发货人或其代理人拒不到场或者海关认为必要时,可以径行取样;海关径行取样时,通知存放货物的海关监管场所经营人、运输工具负责人到场协助,并在"中华人民共和国海关进出口货物化验取样记录单"上签字确认。

问题 18 我公司原准备按期复进/出境的暂时进出境货物无法按期办理,是否可以延长期限或者留购?

😊海关规定,暂时进出境货物应当在进出境之日起 6 个月内复运出境或者复运进境。暂时进出境货物到期无法复运进出境的,经主管地直属海关批准,是可以延期或者转为正式进出口的:

(1)收发货人或其代理人必须在规定期限届满 30 日前提出货物暂时进出境延期或者转正式进出口申请,延期次数最多不超过 3 次,每次延长期限不超过 6 个月。

(2)国家重点工程、国家科研项目使用的暂时进出境货物在 3 次延长期届满后仍需延期的,由主管地直属海关审核后报海关总署审批。

(3)收发货人或其代理人未按照规定期限将暂时进出口货物复运出境或者复运进境,擅自留在境内或者境外的,将移交缉私部门按照《海关行政处罚实施条例》进行处罚。

问题 19 我公司之前有一票货物是按照暂时进出口货物的方式申报进口的,现在已经过了 6 个月有效期,打算在国内留购不再复运出境,国内留购需要办理进口报关手续,请问向海关申报时是否会征收滞纳金?

😊暂时进出境货物未在规定期限内复运出境或者复运进境,且纳税义务人未在规定期限届满前向海关申报办理进出口及纳税手续的，海关除按照规定征收应缴纳的税款外，还应当自规定期限届满之日起至纳税义务人申报纳税之日止按日加收应缴纳税款万分之五的滞纳金。因此，海关需按照上述规定征收滞纳金。

问题 20 外资企业老总返回本国后，想把留在中国境内之前购买的一些家具运回国，是否可以按照分离运输制作关封将物品托运出境？

以分离运输方式运出的行李物品，应由物品所有人持有效的出境证件在出境前办妥海关手续。因此，当事人应当在出境前办妥分离运输相关手续，当事人已回国的，不符合分离运输行李办理的情况，不能办理关封将物品托运出境。

问题 21 我公司 2014 年 3 月 1 日有一批货物按照"暂时进出货物"贸易方式报关，海关是否需要收取 ATA 单证册调整费？

根据财政部、国家发展改革委有关通知，海关总署对《中华人民共和国海关暂时进出境货物管理办法》作出相应修改，重新公布，自 2014 年 2 月 1 日起正式取消"ATA 单证册调整费"。

问题 22 现在企业可以在全国海关范围内都开展通关作业无纸化业务了吗？

根据《关于深入推进通关作业无纸化改革工作有关事项的公告》（海关总署公告 2014 年第 25 号）的规定，通关作业无纸化业务试点范围扩大至全国海关的全部通关业务现场。

案例分析

案例 1　暂时进出境货物超期违规被处罚案

【简况】2010 年 4 月，当事人南京某公司作为收货人，持海关核发的"中华人民共和国海关货物暂时进/出境申请批准决定书"申报暂时进境电路检测仪等共 5 项设备，申报价格为 23000 美元。由于当事人对暂时进境货物的管理规定了解不够，致使涉案货物未在规定期限前复运出境，也未办理相关延期手续，直至 2011 年 3 月，当事人才从其他途径得知相关的管理规定和要求，遂主动向海关说明了情况并要求补办相关手续。2011 年 10 月，海关认定当事人不按照规定将暂时进境货物复运出境构成违规，但鉴于其系自查发现并主动向海关报明，决定对其减轻科处罚款人民币 8000 元。

【法律提示】不按照规定期限将暂时进出境货物复运出境或者进境的，将承担法律责任。

超期未复运出境或者进境的，由海关定性违规，一般处以货物价值 10% 的罚款，并责令补办相关海关手续。

ATA 单证册项下暂时进境货物未能按照规定复运出境或者过境的，由海关总署设在北京海关的 ATA 核销中心向中国国际商会提出追索，追索期（9 个月）满未能提供有效证明的，由中国国际商会向海关支付相应的税款和罚款；已复运出境但因故未经我国海关核销、签注，并且 ATA 核销中心已经发出追索通知书的，除必须补充办理核销手续外，ATA 单证册持证人还应按照规定向海关交纳调整费。

海关提醒：办理暂时进出境货物应注意：

（1）非 ATA 单证册项下暂时进出境货物的收发货人需提前向海关提出申请，提交货物暂时进/出境申请书、暂时进出境货物清单、发票、合同或者协议，以及其他相关单据。凭海关制发的"中华人民共和国海关货物暂时进/出境申请批准决定书"向海关申报进出口暂时进出境货物。

（2）需要申请延长暂时进出境货物期限的，应当在规定期限届满 30 日前向货物暂时进出境申请核准地海关提出延期申请，提交货物暂时进/出境延期申请书，海关应当在 20 个工作日内作出决定并制发"中华人民共和国海关货物暂时进/出境延期申请批准决定书"或者"中华人民共和国海关暂时进/出境货物延期申请不予批准决定书"。

（3）ATA 单证册项下暂时进境货物申请延长期限超过 ATA 单证册有效期的，ATA 单证册持证人应当向原出证机构申请续签 ATA 单证册（只能变更单证册有效期限，其他项目均应当与原单证册一致），续签的 ATA 单证册经主管地直属海关确认后可替代原 ATA 单证册。

（4）暂时进出境货物确需进出口的，暂时进出境货物的收发货人应当在货物复运出境、进境期限届满 30 日前向主管地海关申请。

案例 2　出口申报不实影响退税被处罚案

【简况】2009 年 4 月，当事人扬州某羽绒制品股份有限公司安排装箱出口水洗白鹅绒 18078 千克（188 包），总价 536916.6 美元。由于工作人员在装箱过程中的工作失误，实际装箱数量为 14458.2 千克（150 包），且现场装箱人员未将实际装箱数量通知制单人员，导致制单人员仍将事先制作的数量为 18078 千克（188 包）、总价为 539616.6 美元的发票、装箱单等相关单证提供给所委托的报关企业向海关申报，被查获。多报部分货物价值 107508.06 美元，折合人民币 734484.32 元，按照申报税则号列 13% 的出口退税率计算，当事人上述错误申报行为可多退税款人民币 95482.96 元。当事人被海关认定为申报不实影响国家出口退税管理违规，并对其作为罚款人民币 7.5 万元的行政处罚。

【法律提示】进出口货物的收发货人应当向海关如实申报。进口货物的收货人、出口货物的发货人，即进出口报关单上的经营单位，是向海关如实申报的法定义务人。应当如实申报的内容包括进出口货物报关单上需要填写的所有项目，且向海关申报的内容及提交的相关随附单据资料必须做到"单单相符"和"单货相符"。

出口货物申报不实影响国家出口退税管理的应当承担法律责任：

（1）出口货物申报不实可能多退税款的，由海关定性违规，一般处以多退税款额1倍以下罚款，最高可以处出口申报价格50%的罚款。

（2）已经实际多退税款的，海关可以将多退的税款作为违法所得予以没收，也可以在进行罚款处罚后将案件情况函告企业主管国税部门，由其对多退税款依法作出处理。

（3）已结关但未实际退税的，海关在行政处罚后将案件情况函告企业主管国税部门依法处理。未结关的，由海关应责令当事人予以改单，重新申报。

（4）故意隐瞒真实情况进行虚假申报以多获取国家退税款的，按照骗取国家出口退税行为定性处理，情节严重的，构成犯罪，海关依法移交公安机关追究刑事责任。

> **海关提醒：** "影响国家出口退税管理"是指应当如实申报的项目未申报或者申报的内容与实际出口货物不符，导致可能多退税款的行为。"影响"仅指可能多退税款即可，而不要求实际已办理退税手续，获取了多退的税款。即只要当事人错误申报完毕即构成违规，海关就可予以认定和处罚。
>
> 进出口货物收发货人向所委托的报关企业提供的相关材料（单据）"单单不符"，报关企业也未审查发现并最终申报内容与货物实际不符的，进出口货物收发货人和报企业分别承担各自的法律责任；进出口货物收发货人如实提供相关材料（单据）"单单相符"且"单货相符"，但报关企业因工作疏忽或错误导致最终申报内容与货物实际不符的，报关企业依法承担申报不实的法律责任。

法规索引

1.《海关法》（主席令第 35 号，2014 年修订）

2.《关税条例》（国务院令第 392 号，2003 年发布）

3.《海关行政处罚实施条例》（国务院令第 420 号，2004 年发布）

4.《中华人民共和国海关进出口货物申报管理规定》（海关总署令第 103 号，2003 年发布）

5.《中华人民共和国海关进出口货物征税管理办法》（海关总署令第 124 号，2005 年发布）

6.《中华人民共和国海关征收进口货物滞报金办法》（海关总署令第 128 号，2005 年发布）

7.《海关进出口货物查验管理办法》（海关总署令第 138 号，2005 年发布）

8.《中华人民共和国海关暂时进出境货物管理办法》（海关总署令第 157 号，2007 年发布）

9.《中华人民共和国海关监管场所管理办法》（海关总署令第 171 号，2008 年发布）

10.《中华人民共和国海关进口货物直接退运管理办法》（海关总署令第 217 号，2014 年发布）

11.《中华人民共和国海关进出口货物报关单修改和撤销管理办法》（海关总署令第 220 号，2014 年发布）

征税管理篇

概　述

关税是由海关代表国家，按照国家制定的关税政策、公布实施的税法和《中华人民共和国进出口税则》（以下简称《税则》），对进出关境的货物和物品征收的一种流转税。海关根据《海关法》及其他有关法律、行政法规和规章的要求，确认进出口货物的税则号列、完税价格、原产地、适用税率和汇率后计征税款。同时，根据《中华人民共和国增值税暂行条例》和《中华人民共和国消费税暂行条例》规定，进口货物的增值税和进口的应税消费品的消费税均由海关代征。

法规摘编

● 中华人民共和国海关是国家的进出关境（以下简称进出境）监督管理机关。海关依照本法和其他有关法律、行政法规，监管进出境的运输工具、货物、行李物品、邮递物品和其他物品（以下简称进出境运输工具、货物、物品），征收关税和其他税、费，查缉走私，并编制海关统计和办理其他海关业务。

——《海关法》（主席令第35号）第二条

● 准许进出口的货物、进出境物品，由海关依法征收关税。

——《海关法》（主席令第35号）第五十三条

● 进口货物的收货人、出口货物的发货人、进出境物品的所有人，是关税的纳税义务人。

——《海关法》（主席令第 35 号）第五十四条

● 本规定所称的商品归类是指在《商品名称及编码协调制度公约》商品分类目录体系下，以《税则》为基础，按照《进出口税则商品及品目注释》、《中华人民共和国进出口税则本国子目注释》，以及海关总署发布的关于商品归类的行政裁定、商品归类决定的要求，确定进出口货物商品编码的活动。

——《中华人民共和国海关进出口货物商品归类管理规定》（海关总署令第 158 号）第二条

● 进口货物的完税价格，由海关以该货物的成交价格为基础审查确定，并且应当包括货物运抵中华人民共和国境内输入地点起卸前的运输及其相关费用、保险费。

——《中华人民共和国海关审定进出口货物完税价格办法》（以下简称《审价办法》）（海关总署令第 213 号）第五条

● 完全在一个国家（地区）获得的货物，以该国（地区）为原产地；两个以上国家（地区）参与生产的货物，以最后完成实质性改变的国家（地区）为原产地。

——《中华人民共和国进出口货物原产地条例》（国务院令第 416 号）第三条

● 纳税义务人应当依法如实向海关申报，并按照海关的规定提供有关确定完税价格、进行商品归类、确定原产地,以及采取反倾销、反补贴或者保障措施等所需的资料;必要时,海关可以要求纳税义务人补充申报。

——《关税条例》(国务院令第392号)第三十条

● 进口环节海关代征税的征收管理,适用关税征收管理的规定。

——《关税条例》(国务院令第392号)第六十五条

● 纳税义务人进出口货物时应当依法向海关办理申报手续,按照规定提交有关单证。海关认为必要时,纳税义务人还应当提供确定商品归类、完税价格、原产地等所需的相关资料。提供的资料为外文的,海关需要时,纳税义务人应当提供中文译文并对译文内容负责。

——《中华人民共和国海关进出口货物征税管理办法》(海关总署令第124号)第五条

重点问题

问题1 我司从国外进口一批货物,考虑成本问题,想预先测算一下涉及的进口税款,请问如何计算?

😊 进出口货物的关税,以从价计征、从量计征或者国家规定的其他方式征收。

从价计征关税的计算公式为:应纳税额 = 完税价格 × 关税税率

从量计征关税的计算公式为:应纳税额 = 货物数量 × 单位税额

计征进口环节增值税的计算公式为:应纳税额 =(完税价格 + 实征关税税额 + 实征消费税税额)× 增值税税率

从价计征进口环节消费税的计算公式为：应纳税额=〔（完税价格+实征关税税额）/（1–消费税税率）〕×消费税税率

从量计征进口环节消费税的计算公式为：应纳税额=货物数量×单位消费税税额

贵公司可以该货物的成交价格为基础，并考虑货物运抵中华人民共和国境内输入地点起卸前的运输及其相关费用、保险费对完税价格进行估算。同时，根据进口货物的商品名称、规格型号进行商品归类，确定相应的商品编码。然后根据货物原产国确定该商品的适用进口税率，按照上述计算公式即可大致估算出涉及的进口税款。

> **海关提醒**：完税价格、商品归类、原产地及税率适用以海关审定结果为准，上述测算方法得出的税款可能与最终缴纳税款存在差距。如进口货物涉及贸易救济措施，还可能涉及反倾销、反补贴税等。

问题2 海关是如何审定进出口货物的完税价格？

😊 进口货物的完税价格，由海关以该货物的成交价格为基础审查确定，并应当包括货物运抵中华人民共和国境内输入地点起卸前的运输及其相关费用、保险费。

出口货物的完税价格由海关以该货物的成交价格为基础审查确定，并应当包括货物运至中华人民共和国境内输出地点装载前的运输及其相关费用、保险费。

以成交价格为基础审查确定进口货物的完税价格时，未包括在该货物实付、应付价格中的下列费用或者价值应当计入完税价格：

（1）由买方负担的下列费用：

①除购货佣金以外的佣金和经纪费；

②与该货物视为一体的容器费用；

③包装材料费用和包装劳务费用。

（2）与进口货物的生产和向中华人民共和国境内销售有关的，由买方以免费或者以低于成本的方式提供，并可以按适当比例分摊的下列货物或者服务的价值：

①进口货物包含的材料、部件、零件和类似货物；

②在生产进口货物过程中使用的工具、模具和类似货物；

③在生产进口货物过程中消耗的材料；

④在境外进行的为生产进口货物所需的工程设计、技术研发、工艺及制图等相关服务。

（3）买方需向卖方或者有关方直接或者间接支付的特许权使用费，但是符合下列情形之一的除外：

①特许权使用费与该货物无关；

②特许权使用费的支付不构成该货物向中华人民共和国境内销售的条件。

（4）卖方直接或者间接从买方对该货物进口后销售、处置或者使用所得中获得的收益。

问题 3　如果我公司的进口货物被海关质疑价格偏低，应如何处理？

☺海关在认为你公司进口货物价格偏低时，会制发价格质疑通知书，并在通知书上列明海关认为价格偏低的原因及需要你公司提交的相关资料和单证。你公司应在规定的期限内向海关提供有关资料和单证配合海关进行审价。海关审价的依据是《审价办法》（海关总署令第213号）。

> **海关提醒**：纳税义务人可以书面向海关提出为其保守商业秘密的要求，并且具体列明需要保密的内容，但是不得以商业秘密为理由拒绝向海关提供有关资料。

问题 4　我公司在提交审价资料后，海关仍然认为我公司进口货物价格偏低，海关会不会不接受我公司解释，在不通知我公司的情况下进行估价？

☺ 海关认为进口货物成交价格不符合《审价办法》，需要进行价格磋商的，海关应按照《审价办法》的规定，向纳税义务人制发价格磋商通知书。经双方价格磋商并确定进口货物完税价格后，海关应制发价格磋商记录表，由双方签章后海关才可以进行估价。

> **海关提醒**：如果纳税义务人未在价格磋商通知书规定的时限内与海关进行磋商的，视为其放弃价格磋商的权力，海关可以按照《审价办法》的规定直接审查确定进口货物的完税价格。

问题 5　能否在货物进出口之前就预先确定商品归类？

☺ 可以。为了有效地提高海关归类的准确性和实效性，加速货物通关效率，增强政策法规的透明度，海关实行预归类制度。在海关注册登记的进出口货物经营单位（申请人），可以在货物实际进出口的 45 日前，向直属海关申请就其拟进出口的货物预先进行商品归类。直属海关经审核认为申请预归类的商品归类事项属于《税则》、《进出口税则商品及品目注释》、《中华人民共和国进出口税则本国子目注释》，以及海关总署发布的关于商品归类的行政裁定、商品归类决定有明确规定的，将制发海关商品预归类决定书。

同时，海关总署正在天津、大连、上海、南京、广州、深圳、北京、厦门等地海关开展预归类服务的试行工作。

预归类服务是指进出口货物预归类服务单位,受进出口货物收发货人或其代理人的委托,对其拟进出口货物预先进行商品归类,并出具预归类服务意见书的活动。

"预归类服务单位"为第三方社会中介服务机构,与进出口货物收发货人及其代理人签订委托协议,明确双方权利义务。

预归类服务单位出具的意见书在预归类服务单位注册地所在直属海关关区内使用。

> **海关提醒**:海关制发的海关商品预归类决定书与预归类服务单位出具的预归类服务意见书两者不同。申请人实际进出口海关商品预归类决定书所述商品,并且按照海关商品预归类决定书申报的,海关按照海关商品预归类决定书所确定的归类意见审核放行。预归类服务意见书只是预归类服务单位进行的预先商品归类,海关确定的归类有可能不同。

问题6 我公司进出口货物时在商品归类工作中享受和承担的基本权利和义务各是什么?

☺ 进出口商品归类是向海关申报的前提和基础。在归类中:

(1)企业的义务:商品编码作为申报的重要项目之一,企业必须如实向海关申报货物的实际状态,并按照《税则》规定的目录条文、归类总规则、类注、章注、子目注释及其他归类注释,对申报的进出口货物进行商品归类,归入相应的税则号列。

(2)企业的权利:企业或者其代理人向海关提供的资料涉及商业秘密,可事前向海关提出书面申请,要求海关予以保密,并且具体列明需要保密的内容的,海关应当依法为其保密。

海关依法审核确定该货物的商品归类,同时,应企业书面申请,对企业具体列明需要保密的内容的,依法予以保密。

海关可以根据口岸通关和货物进出口的具体情况,在货物通关环节对申报商品归类的内容作程序性审核,在货物放行后再进行商品归类是否真实、正确的实质性核查。海关在审核商品归类事项时,可以依照《海关法》和《关税条例》的规定行使下列权力,并要求企业予以配合:

(1)查阅、复制有关单证、资料;

(2)要求进出口货物收发货人或者其代理人提供必要的样品及相关商品资料;

(3)组织对进出口货物实施化验、检验,并且根据海关认定的化验、检验结果进行商品归类。

问题7 海关依据何种标准确定货物的商品归类?

☺海关以进出口商品的报验状态,即进出口货物收发货人或其代理人向海关申报进出口时货物的实际状态确定归类。

由同一运输工具同时运抵同一口岸并且属于同一收货人、使用同一提单的多种进口货物,按照商品归类规则应当归入同一商品编码的,进出口货物收发货人或者其代理人应当将有关商品一并归入该商品编码向海关申报。

加工贸易保税料件及成品经批准内销的,仍按原进口料件归类,但生产加工所产生的边角料及副产品应按内销时的报验状态确定归类;出口加工区、保税区内开展的加工贸易,其制成品或料件运往区外的,按出口加工区、保税区的规定办理。

以提前申报方式进出口的货物,商品归类应当按照货物运抵海关监管场所时的实际状态确定。法律、行政法规和海关总署规章另有规定的,按照有关规定办理。

申请减免税的进口货物，申请人向海关申请减免税时所提交的进口货品清单所列货品视为同一报验状态，并按据此确定的归类审核其减免税性质，但这些货品在实际进口时仍按实际报验状态确定归类。

问题 8　《税则》中一个税则号列项下标有最惠国税率和普通税率，个别商品还有暂定税率，我公司如何确定适用的税率呢？

☺ 贵公司可根据进口货物的原产地并依据以下原则确定适用税率：

（1）原产于共同适用最惠国待遇条款的世界贸易组织成员的进口货物，原产于与中华人民共和国签订含有相互给予最惠国待遇条款的双边贸易协定的国家或者地区的进口货物，以及原产于中华人民共和国境内的进口货物，适用最惠国税率。

（2）原产于与中华人民共和国签订含有关税优惠条款的区域性贸易协定的国家或者地区的进口货物，适用协定税率。

（3）原产于与中华人民共和国签订含有特殊关税优惠条款的贸易协定的国家或者地区的进口货物，适用特惠税率。

（4）原产于上述所列以外国家或者地区的进口货物，以及原产地不明的进口货物，适用普通税率。

（5）适用最惠国税率的进口货物有暂定税率的，应当适用暂定税率；适用协定税率、特惠税率的进口货物有暂定税率的，应当从低适用税率；适用普通税率的进口货物，不适用暂定税率。

（6）适用出口税率的出口货物有暂定税率的，应当适用暂定税率。

（7）按照国家规定实行关税配额管理的进口货物，关税配额内的，适用关税配额税率；关税配额外的，其税率的适用按照上述规定执行。

问题 9 原产于与我国签订含有关税优惠条款的区域性贸易协定的国家或者地区的进口货物，申报时是否自动适用协定税率？原产于与我国签订含有特殊关税优惠条款的贸易协定的国家或者地区的进口货物时，申报时是否自动享受特惠税率？

☺ 否。按照《中华人民共和国海关进出口货物优惠原产地管理规定》和具体优惠贸易协定原产地规则的规定，进口人在申报适用协定税率或特惠税率时应提交符合要求的原产地证书及相关运输、商业单证。经海关审核，货物符合相关原产地管理规定的，适用协定税率或特惠税率。

问题 10 我公司在进口协定/特惠税率项下货物时，由于各种原因暂时无法向海关提交原产地证书，应如何尽快通关并享受协定/特惠税率？

☺ 货物进口时，纳税义务人无法提交原产地证书的，应向海关提交原产资格申明，并主动向海关申明进口货物享受协定/特惠税率。海关在收取税款担保后可以先行办理货物通关手续。纳税义务人需在一年内向海关提交原产地证书，海关审核无误后将税款担保退还给纳税义务人。

> **海关提醒**：如果纳税义务人未在货物进口环节主动向海关申明进口货物享受协定/特惠税率，海关在货物放行后不再接受补交的原产地证书，货物不能适用协定/特惠税率。

问题 11 我公司要进口一批涉及反倾销措施的货物，应向海关提交哪些文件？海关如何判断货物的原产国和原厂商？

☺ 纳税义务人在进口涉及贸易救济措施的货物时，应向海关提交原产地证明文件、原厂商发票和其他相关单证。海关通过审核上述单证、实际查验等手段确定进口货物的原产地。

对于通过境外贸易商间接进口贸易救济措施的产品，纳税义务人确实无法提交原生产厂商发票时，其向海关提交的由境外贸易商制发的商业发票上如果包括原生产厂商名称和原生产厂商发票的编号，可以作为海关认定原生产厂商的依据。

> **海关提醒**：通过单证审核、实际查验均无法确定进口货物原产地时，货物原产国不明，海关按普通税率征收关税，并按最高税率征收反倾销税和反补贴税。

问题 12　我公司要进口一批涉及反倾销措施的货物，原产国为 A，我公司只有贸易国 B 出具的原产地证书，海关能否接受？

☺ 根据海关总署的相关规定，原产地证书应由原产国出具，贸易国出具的证明货物原产于其他国家的证书海关不予接受。

问题 13　我公司在向海关缴纳税费时，除通过柜台支付方式外，还可以采取哪种方式支付？如何办理？

☺ 企业在向海关缴纳税费时，除通过柜台支付方式外，现在还可以通过税费电子支付系统进行支付。

首次办理电子支付前，企业须通过以下步骤取得电子支付资格。首先，企业需到银行申请开通海关税费电子支付业务，并进行银行账号备案申请；其次，企业登录中国电子口岸，选择开展税费电子支付业务的直属关区，签署电子口岸、支付平台和企业三方协议；再次，电子口岸将企业备案关区开通信息发送到支付平台后，企业登录支付平台进行银行账号添加，等待银行激活企业账号。

进出口企业通过电子支付系统可以缴纳进出口关税、反倾销税、反补贴税、进口环节海关代征税、缓税利息、滞纳金、保证金和滞报金、船舶吨税、废弃电器电子产品处理基金。

申请参与电子担保业务的企业，还应向直属海关关税部门进行担保业务备案。在同一个直属海关关区内，一家企业同时只能通过一家商业银行参与电子担保业务。

问题 14　海关征税时以什么时间点的汇率计算？近期外汇汇率波动幅度较大，为什么海关征税的汇率却未体现汇率波动？

进出口货物的价格及有关费用以外币计价的，按海关接受该货物申报之日所适用的计征汇率折合为人民币计算完税价格。

海关征税时适用的计征汇率为上一个月第三个星期三（第三个星期三为法定节假日的，顺延采用第四个星期三）中国银行公布的外汇折算价（海关总署公告 2010 年第 18 号）；以基准汇率币种以外的外币计价的，采用同一时间中国银行公布的现汇买入价和现汇卖出价的中间值（人民币元后采用四舍五入法保留 4 位小数）。

如果上述汇率发生重大波动，海关总署认为必要时，可另行规定计征汇率，并对外公布。

问题 15　我公司此前按照修理物品出境申报一票货物，现在规定的时间内复运入境时，海关征税的完税价格如何认定？

运往境外修理的机械器具、运输工具或者其他货物，出境时已向海关报明，并在海关规定的期限内复运进境的，以境外修理费和料件费为基础审查确定完税价格。

问题 16 我公司进口一票货物已经缴纳了关税,由于报关人员工作疏忽将税单遗失,请问海关能否补签?

☺ 纳税义务人缴纳税款后遗失税款缴款书的,可以自缴纳税款之日起 1 年内向填发海关提出确认其已缴清税款的书面申请,海关经审查核实后,应当予以确认,但不再补发税款缴款书。

由于贵公司税款已经缴纳,固不能重新签发原样税单,但可在税款缴纳之日起 1 年内向签发地海关提出申请,由海关审核确认予以证明。

问题 17 我公司进口的货物因质量出现问题,现打算退运出境,想问一下当时进口时已缴纳的关税能不能退还?

☺ 已缴纳税款的进口货物,因品质或者规格原因原状退货复运出境的,纳税义务人自缴纳税款之日起 1 年内,可以向海关申请退税。纳税义务人向海关申请退税时,应当提交下列材料:退税申请书,原进口报关单、税款缴款书、发票,货物复运出境的出口报关单,收发货人双方关于退货的协议。海关认为需要时,还可以要求纳税义务人提供具有资质的商品检验机构出具的原进口或者出口货物品质不良、规格不符或者残损、短少的检验证明书或者其他有关证明文件。如果贵公司符合上述规定要求,可以按照上述方式向海关申请退税。

问题 18 我公司租赁进口一批货物,租金是以分期付款的方式支付给国外客户的,想问一下海关对于租赁进口货物是如何征税的?

☺ 租赁进口货物自进境之日起至租赁结束办结海关手续之日止,应当接受海关监管。

分期支付租金的,纳税义务人应当在申报租赁货物进口时,按照第一期应当支付的租金办理纳税手续，缴纳相应税款；在其后分期支付租金时，纳税义务人向海关申报办理纳税手续应当不迟于每次支付租金后的第15日。纳税义务人未在规定期限内申报纳税的，海关按照纳税义务人每次支付租金后第15日该货物适用的税率、计征汇率征收相应税款，并且自本款规定的申报办理纳税手续期限届满之日起至纳税义务人申报纳税之日止，按日加收应缴纳税款万分之五的滞纳金。

问题19 我公司进口小麦，该商品监管条件涉及关税配额证明，提单、发票及装箱单上面的数量一致，但比配额证明上数量上浮了5%，我公司是一次性进口，请问这样还是否能适用关税配额税率？

☺ 对于一份进口关税配额证项下一次到货办理进口报关手续的货物（即"一证一批"货物）出现溢装时，实际到货的溢装数量不超过规定配额数量5%的，按照关税配额税率计征税款；对超过5%的部分，根据实际情况按照其他应当适用的关税税率计征税款。

问题20 请问什么是海关汇总征税，对企业有什么好处，如何申请？

☺ 汇总征税是海关对进出口税收进行征缴的一种作业模式，与现行逐票征税模式不同，对经审核符合条件的进出口纳税义务人，海关可以对其一段时期内多次进出口产生的税款集中进行汇总计征。实施汇总征税的企业应在每月的前5个工作日内通过电子口岸或支付平台完成上个月应缴税款支付的确认。

企业采用此纳税模式可以先放行实货后，在规定期限内向海关缴纳税款，可缓解企业资金压力，提高通关时效。

参与试点的企业以自愿为原则，并符合以下条件：为海关税费电子支付系统用户,具有担保验放通关资格;以生产型企业为主,贸易型企业原则上应为自营进出口业务;进口业务在 2011~2012 年期间月平均进口纳税次数不低于 4 次;过去 3 年没有重大违规、走私犯罪记录,没有欠缴海关税收记录;通过海关规范申报测试,申报规范率较高;服从海关征税管理,积极配合海关的税收征管工作,能为海关提供必要的商贸信息。

汇总征税的企业应向货物进出口地直属海关关税部门提出汇总征税的书面申请,并提供银行总担保保函等相关材料,接受海关的综合评估、审核。汇总征税的企业缴税必须选择海关税费电子支付方式。

案例分析

案例 1 免费协助需申报,及时补税合法经营

【简况】2014 年 8 月,海关在对某公司从苏州工业园一般贸易进口的集成电路进行专项核查时发现,其进口产品生产过程中使用的掩膜版是由进口方免费提供给卖方的,掩膜板的费用应作为模具协助费用计入申报价格。根据《审价办法》有关规定,海关对其涉及的相关模具费用进行一次性补税,共涉及模具费用 484 万余元,补征税款 82 万余元。

【法律提示】发生协助费用要申报,及时补税是正道。企业发生与进口货物生产有关的,由买方以免费或者以低于成本的方式提供给卖方的料件、工具、模具、消耗材料及类似货物的价款,以及在境外开发、设计等相关服务的费用应及时向海关进行补充申报。增强依法纳税意识和意愿,以维持自身的信誉和声誉,合法经营。

资料齐备是基础,客观量化很关键。企业如发生"协助"费用,在补充申报前,应准备好客观量化的资料,如合同、发票、支付凭证,以及证

明该费用真实、准确的其他商业单证、书面资料和电子数据等。"协助"费用如果需要分摊计算的，纳税义务人应当根据客观量化的标准进行分摊，并同时向海关提供分摊的依据。

案例 2　一并归类有条件，根据规则看报验

【简况】某公司向海关申报进口一批家用采暖锅炉，申报税则号列 84031010，数量为 40 台，价值 32088.4 美元。经了解，该家用采暖锅炉由风机、风压开关、点火电极、燃气阀、主换热器、循环水泵、电动三通阀、地下采暖暖管和外部水箱等部件组成。壁挂锅炉与外部水箱在进口时为分别独立包装，一一对应，安装时壁挂锅炉与水箱安装在一起，之间用管道连接，配合使用。其加热原理为：通过电打火，利用燃气加热热水，通过循环泵将热水输送至地下采暖管道达到供暖效果；同时，根据外界热水需求，自动暂时停止供暖循环，并通过循环泵将热水输送至水箱盘管以加热外部水箱中的水并存储起来，供生活热水使用。进口企业认为壁挂锅炉和外部水箱是同时进口且配套使用，锅炉燃烧加热水并将热水输送至水箱，此处的水箱作为储水器具，本身不能加热热水，只起到热交换作用，属于辅助设备，在两者一并进口报验状态相同的情况下，应一并按锅炉归入税则号列 84031010。海关认为水箱应归入税则号列 84191990；剩余部分符合税目 8403 的描述，应归入税则号列 84031010。该家用采暖锅炉水箱部分的税率由 10% 调整至 35%，其他部分税率不变。

【法律提示】《中华人民共和国海关进出口货物商品归类管理规定》第七条规定，"由同一运输工具同时运抵同一口岸并且属于同一收货人、使用同一提单的多种进口货物，按照商品归类规则应当归入同一商品编码的，

该收货人或者其代理人应当将有关商品一并归入该商品编码向海关申报。法律、行政法规和海关总署规章另有规定的，按照有关规定办理。"在本案例中，该企业认为在报验状态上，其进口货物满足要求，所以可以一并归类。但在本案例中，该家用采暖锅炉满足第一个条件，但由于水箱和其他部分不能归入同一商品编码，不满足"按照商品归类规则应当归入同一商品编码的"第二个条件，因此不能合并归类。

由于该家用采暖锅炉具有热水锅炉和水加热器两种功能，根据《税则》归类总规则一及六，不能归入同一商品编码，应分别归类，其中水箱应归入税则号列84191990；剩余部分符合税目8403的描述，应归入税则号列84031010。所以，这两部分货物虽然同时进口，但归类不同，因而不能一并归类。

案例3　协定税率要适用，直接运输很重要

【简况】某企业以一般贸易方式向海关申报进口一批印尼原产的复合橡胶，提供了印尼官方机构签发的中国—东盟自由贸易区项下优惠原产地证书，并申请适用协定税率，但原产地证书显示该货物的起运国为新加坡，且企业只提供了在新加坡签发的从新加坡到我国的运输提单，未能提供货物从印尼运输到新加坡的提单。该批货物未能适用协定税率。

【法律提示】对申请适用协定税率或特惠税率的货物，海关依据各协定原产地管理办法等法规，对货物的原产资格及运输情况进行审核。除具备符合要求的原产地证书、货物本身具备原产资格以外，货物还应满足直接运输规则，即从原产国直接运输至中国。如果货物经第三方转运至中国，进口人应向海关提供必要的单证，证明其在转运期间未经加工等处理。本

案例中，进口企业仅提供了从新加坡到我国的运输提单，未能提供货物从原产国印尼运输到新加坡的提单，货物的前半段运输情况缺失，因此不能证明货物符合直接运输规则。

对优惠贸易协定货物而言，运输单证在整套单据的流转中最为重要，它是唯一脱离交易双方控制的"第三方"单证，主要包括海运提单、空运运单等，是运输工具承运人或其代理人签发的关于货物起运、运输、运抵状况的说明，也是海关了解货物的物权属性、运输路线的主要途径，是海关判定货物是否符合直接运输规则的主要手段。

法规索引

1. 《海关法》（主席令第 35 号，2014 年修订）

2. 《关税条例》（国务院令第 392 号，2003 年发布）

3. 《中华人民共和国进出口货物原产地条例》（国务院令第 416 号，2004 年发布）

4. 《中华人民共和国海关进出口货物征税管理办法》（海关总署令第 124 号，2005 年发布）

5. 《中华人民共和国海关进出口货物商品归类管理规定》（海关总署令第 158 号，2007 年发布）

6. 《中华人民共和国海关进出口货物优惠原产地管理规定》（海关总署第 181 号令，2009 年发布）

7. 《审价办法》（海关总署令第 213 号，2013 年发布）

税收优惠篇

概　述

　　特定地区、特定企业或者有特定用途的进出口货物，可以减征或者免征关税。特定减税或者免税的范围和办法由国务院规定。特定减免税货物在海关监管年限内，未经海关许可，减免税申请人不得擅自将减免税货物转让、抵押、质押、移作他用或者进行其他处置。

法规摘编

●下列进出口货物、进出境物品，减征或者免征关税：

（一）无商业价值的广告品和货样；

（二）外国政府、国际组织无偿赠送的物资；

（三）在海关放行前遭受损坏或者损失的货物；

（四）规定数额以内的物品；

（五）法律规定减征、免征关税的其他货物、物品；

（六）中华人民共和国缔结或者参加的国际条约规定减征、免征关税的货物、物品。

——《海关法》（主席令第35号）第五十六条

●纳税义务人进出口减免税货物的，除另有规定外，应当在进出口该货物之前，按照规定持有关文件向海关办理减免税审批手续。经海关审查符合规定的,予以减征或者免征关税。

——《关税条例》(国务院令第 392 号)第四十八条

● 在进口减免税货物的海关监管年限内,未经海关许可,减免税申请人不得擅自将减免税货物转让、抵押、质押、移作他用或者进行其他处置。

——《中华人民共和国海关进出口货物减免税管理办法》(海关总署令第 179 号)第二十六条

● 在海关监管年限内,减免税申请人应当自进口减免税货物放行之日起,在每年的第一季度向主管海关递交"减免税货物使用状况报告书",报告减免税货物使用状况。

减免税申请人未按规定向海关报告其减免税货物状况,向海关申请办理减免税备案、审批手续的,海关不予受理。

——《中华人民共和国海关进出口货物减免税管理办法》(海关总署令第 179 号)第三十七条

重点问题

问题 1　海关进出口减免税业务主要是指什么?

😊 根据有关法律、行政法规和国务院的有关规定,关税的减免包括法定减免、特定减免和临时减免。

本篇提及的海关减免税指特定减免税,企业涉及的特定减免税主要包括以下几个方面:

(1)鼓励类项目税收优惠政策;

(2)重大技术装备税收优惠政策;

(3) 外资研发中心税收优惠政策；

(4) 其他由国务院有关部门制定的税收优惠政策。

问题 2　鼓励类项目税收优惠政策的主要内容是什么？

☺ 对属于《外商投资产业指导目录》鼓励类范围的外商投资项目（包括增资项目），在投资总额内进口的自用设备及按照合同随上述设备进口的技术和配套件、备件，除《外商投资项目不予免税的进口商品目录》和《进口不予免税的重大技术装备和产品目录》所列商品外，按照《国务院关于调整进口设备税收政策的通知》（国发〔1997〕37号）、海关总署公告2008年第103号及其他相关规定免征关税，照章征收进口环节增值税。

对属于《产业结构调整指导目录》鼓励类范围的国内投资项目，在投资总额内进口的自用设备，除《国内投资项目不予免税的进口商品目录》和《进口不予免税的重大技术装备和产品目录》所列商品外，按照《国务院关于调整进口设备税收政策的通知》（国发〔1997〕37号）、海关总署公告2008年第103号及其他相关规定免征关税，照章征收进口环节增值税。

问题 3　重大技术装备税收优惠政策的主要内容是什么？

☺ 重大技术装备税收优惠政策的主要内容为：对经认定企业为生产《国家支持发展的重大技术装备和产品目录》所列装备或产品而确有必要进口《重大技术装备和产品进口关键零部件、原材料商品清单》所列商品的，免征进口关税和进口环节增值税。

问题 4　外资研发中心税收优惠政策的主要内容是什么？

☺ 外资研发中心税收优惠政策的主要内容为：在2015年12月31日前，经认定外资研发中心进口科技开发用品适用《关于修改〈科技开发用品免征进口税收暂行规定〉和〈科学研究和教学用品免征进口税收规定〉的决定》(财政部、海关总署、国家税务总局令第63号),免征进口税收。

问题5　什么是减免税备案?

😊 减免税申请人按照有关进出口税收优惠政策的规定申请减免税进出口相关货物,海关需要事先对减免税申请人的资格或者投资项目等情况进行确认的,减免税申请人应当在申请办理减免税审批手续前,向主管海关申请办理减免税备案手续,并同时提交下列材料:

(1)进出口货物减免税备案申请表;

(2)企业营业执照或者事业单位法人证书、国家机关设立文件、社团登记证书、民办非企业单位登记证书、基金会登记证书等证明材料;

(3)相关政策规定的享受进出口税收优惠政策资格的证明材料;

(4)海关认为需要提供的其他材料。

减免税申请人按照规定提交证明材料的,应当交验原件,同时提交加盖减免税申请人有效印章的复印件。

减免税申请人不能按照规定向海关提交齐全、有效材料的,海关不予受理备案。

问题6　企业如何享受重大技术装备税收优惠政策?

😊 申请享受政策的企业一般应为从事开发、生产国家支持发展的重大技术装备或产品的制造企业,并应当具备以下条件:

(1)独立法人资格;

(2)具有较强的设计研发和生产制造能力;

(3)具备专业比较齐全的技术人员队伍;

（4）具有核心技术和自主知识产权；

（5）申请享受政策的重大技术装备应符合《国家支持发展的重大技术装备和产品目录》中有关要求。

对新申请享受重大技术装备税收优惠政策的企业的免税资格认定工作每年组织一次，企业应在每年11月1日~11月30日提交申请文件。其中，地方制造企业通过企业所在地省级工业和信息化主管部门向工业和信息化部提交申请文件。中央企业直接向工业和信息化部提交申请文件，报送下一年度申请享受进口税收优惠政策的进口需求。

问题7　特定减免税货物的海关监管年限及监管要求是什么？

特定减免税进口货物的监管年限为：

（1）船舶、飞机：8年；

（2）机动车辆：6年；

（3）其他货物：5年。

监管年限自货物进口放行之日起计算。

减免税货物海关监管年限届满的，自动解除监管。

海关对特定免税货物的监管要求主要是：

（1）由核定的企业使用；

（2）在核定的地点使用；

（3）用于核定的用途；

（4）如需移作他用，须经海关批准。

问题8　减免税货物能否移作他用？

减免税货物移作他用包括以下情形：

（1）将减免税货物交给减免税申请人以外的其他单位使用；

（2）未按照原定用途、地区使用减免税货物；

（3）未按照特定地区、特定企业或者特定用途使用减免税货物的其他情形。

在海关监管年限内，减免税申请人如需要将减免税货物移作他用，应当事先向主管海关提出申请。除文件另有规定外，企业将减免税货物移作他用的，还应当按照移作他用的时间补缴相应税款；移作他用时间不能确定的，应当提交相应的税款担保，税款担保不得低于剩余监管年限应补缴税款总额。

企业未经海关批准并依法缴纳税款而将享受特定减免税的货物用于原批准的区域、企业或者用途以外的，应当承担相应的法律责任。海关除依法征收相应税款外，可以依法予以行政处罚；构成走私罪的，应当追究刑事责任。

问题9　减免税货物能否租借给其他企业使用？鼓励类项目内进口的减免税设备能否生产非鼓励类项目的产品？

☺ 未经海关同意不能这么做。这两种情形均属于减免税货物移作他用范畴，需经主管海关同意，并按照移作他用的时间补交税款后方可处置。移作他用税款计算公式如下：

补税的完税价格 = 海关审定的货物原进口时的价格 × （需补缴税款的时间 / 监管年限 × 12 × 30）

上述计算公式中的税率，应当按照《关税条例》的有关规定，采用相应的适用税率；需补缴税款的时间是指减免税货物移作他用的实际时间，按日计算，每日实际生产不满8小时或者超过8小时的均按1日计算。

问题 10　申请提前解除减免税设备海关监管的，应当如何补缴税款？

😊 在海关监管年限内的进口减免税货物，减免税申请人书面申请提前解除监管的，应当向主管海关申请办理补缴税款和解除监管手续。补税的完税价格以海关审定的货物原进口时的价格为基础，按照减免税货物已进口时间与监管年限的比例进行折旧，其计算公式如下：

补税的完税价格＝海关审定的货物原进口时的价格×［1－已进口时间/（监管年限×12）］

减免税货物已进口时间自减免税货物的放行之日起按月计算。不足1个月但超过15日的按1个月计算；不超过15日的，不予计算。

问题 11　减免税设备尚在海关监管年限内能否办理退运手续？减免税设备办理退运手续后，相应减免税额度能否恢复？

😊 在海关监管年限内，减免税申请人要求将进口减免税货物退运出境或者出口的，应当报主管海关核准。减免税货物退运出境或者出口后，减免税申请人应当持出口报关单向主管海关办理原进口减免税货物的解除监管手续。减免税货物退运出境或者出口的，海关不再对退运出境或者出口的减免税货物补征相关税款，相应减免税额度不予恢复。

减免税货物因品质或者规格原因原状退运出境，减免税申请人以无代价抵偿方式进口同一类型货物的，不予恢复其减免税额度；未以无代价抵偿方式进口同一类型货物的，减免税申请人在原减免税货物退运出境之日起3个月内向海关提出申请，经海关批准，可以恢复其减免税额度。

问题 12　企业如何办理减免税货物抵押贷款？

😊 在海关监管年限内，减免税申请人要求以减免税货物向金融机构办理贷款抵押的，应当向主管海关提出书面申请。经主管海关审核批准后可以办理贷款抵押手续。

减免税申请人不得以减免税货物向金融机构以外的公民、法人或者其他组织办理贷款抵押。

减免税申请人以减免税货物向境内金融机构办理贷款抵押的，可向海关提供下列形式的担保：

（1）与货物应缴税款等值的保证金；

（2）境内金融机构提供的相当于货物应缴税款的保函；

（3）减免税申请人、境内金融机构共同向海关提交"进口减免税货物贷款抵押承诺保证书"，书面承诺当减免税申请人抵押贷款无法清偿需要以抵押物抵偿时，抵押人或者抵押权人先补缴海关税款，或者从抵押物的折（变）价款中优先偿付海关税款。

减免税申请人以减免税货物向境外金融机构办理贷款抵押的，应当向海关提交上述担保形式中第（1）项或者第（2）项规定形式的担保。

海关同意以进口减免税货物办理贷款抵押的，减免税申请人应当于正式签订抵押合同、贷款合同之日起30日内将抵押合同、贷款合同正本或者复印件交海关备案。提交复印件备案的，减免税申请人应当在复印件上标注"与正本核实一致"，并予以签章。

贷款抵押需要延期的，减免税申请人应当在贷款期限届满前20日内向主管海关申请办理贷款抵押的延期手续。

问题 13　减免税货物结转是指什么？企业如何办理？

💬 减免税货物结转是指在海关监管年限内，减免税申请人将进口减免税货物转让给进口同一货物享受同等减免税优惠待遇的其他单位。需要办理减免税货物结转手续的减免税申请人应当按照下列规定办理：

（1）减免税货物的转出申请人持有关单证向转出地主管海关提出申请，转出地主管海关审核同意后，通知转入地主管海关。

（2）减免税货物的转入申请人向转入地主管海关申请办理减免税审批手续。转入地主管海关审核无误后，签发征免税证明。

（3）转出、转入减免税货物的申请人应当分别向各自的主管海关申请办理减免税货物的出口、进口报关手续。转出地主管海关办理转出减免税货物的解除监管手续。结转减免税货物的监管年限应当连续计算。转入地主管海关在剩余监管年限内对结转减免税货物继续实施后续监管。

在海关监管年限内，减免税申请人如将进口减免税货物转让给不享受进口税收优惠政策或者进口同一货物不享受同等减免税优惠待遇的其他单位，应当事先向减免税申请人主管海关申请办理减免税货物补缴税款和解除监管手续。

问题 14　企业设备进出口时减免税手续如未办妥能否申请担保放行？

😊有下列情形之一的，减免税申请人可以向海关申请凭税款担保先予办理货物放行手续：

（1）主管海关按照规定已经受理减免税备案或者审批申请，尚未办理完毕的；

（2）有关进出口税收优惠政策已经国务院批准，具体实施措施尚未明确，海关总署已确认减免税申请人属于享受该政策范围的；

（3）其他经海关总署核准的情况。

税款担保期限不超过 6 个月，经直属海关关长或者其授权人批准可以予以延期，延期时间自税款担保期限届满之日起算，延长期限不超过 6 个月。特殊情况仍需要延期的，应当经海关总署批准。

问题 15 企业如想将减免税货物异地使用，应当如何办理相关手续？

😊 在海关监管年限内，减免税货物应当在主管海关核准的地点使用。需要变更使用地点的，减免税申请人应当向主管海关提出申请，说明理由，经海关批准后方可变更使用地点。

减免税货物需要移出主管海关管辖地使用的，减免税申请人应当事先持有关单证及需要异地使用的说明材料向主管海关申请办理异地监管手续，经主管海关审核同意并通知转入地海关后，减免税申请人可以将减免税货物运至转入地海关管辖地，转入地海关确认减免税货物情况后进行异地监管。

减免税货物在异地使用结束后，减免税申请人应当及时向转入地海关申请办结异地监管手续，经转入地海关审核同意并通知主管海关后，减免税申请人应当将减免税货物运回主管海关管辖地。

问题 16 企业遇分立、合并、改制、破产等情况，减免税货物如何处置？

😊 在海关监管年限内，减免税申请人发生分立、合并、股东变更、改制等变更情形的，权利义务承受人应当自营业执照颁发之日起 30 日内，向原减免税申请人的主管海关报告主体变更情况及原减免税申请人进口减免税货物的情况。经海关审核，需要补征税款的，权利义务承受人应当向原减免税申请人主管海关办理补税手续；可以继续享受减免税待遇的，权利义务承受人应当按照规定申请办理减免税备案变更或者减免税货物结转手续。

在海关监管年限内，因破产、改制或者其他情形导致减免税申请人终止，没有权利义务承受人的，原减免税申请人或者其他依法应当承担关税及进口环节海关代征税缴纳义务的主体，应当自资产清算之日起30日内向主管海关申请办理减免税货物的补缴税款和解除监管手续。

问题 17 我公司有减免税设备即将满 5 年监管期，如果向海关申请解除监管应在什么时限内办理？

☺ 减免税货物海关监管年限届满的，自动解除监管。在海关监管年限内的进口减免税货物，减免税申请人书面申请提前解除监管的，应当向主管海关申请办理补缴税款和解除监管手续。按照国家有关规定在进口时免予提交许可证件的进口减免税货物，减免税申请人还应当补交有关许可证件。

需要海关出具解除监管证明的，可以自办结补缴税款和解除监管等相关手续之日或者自海关监管年限届满之日起 1 年内，向主管海关申请领取解除监管证明。海关审核同意后出具"中华人民共和国海关进口减免税货物解除监管证明"。

问题 18 我公司为新成立的内资企业，打算从日本进口设备，并且所进口设备符合国家免税的相关政策，同时征免税证明已办好，临近的一个月就到货，可公司为增强企业实力，准备让外商加盟，那么企业将变更为外商投资企业，但原法人代表不变。如果变更后，会不会影响公司进口原有设备免税？

☺ 企业有合并、分立或者其他资产重组情形的，应当向海关报告，按照规定可以继续享受减免税待遇的，应当到海关办理变更纳税义务人的手续。

目前我国的经济形式多样，企业在生产经营中会发生各种情况的合并、分立或资产重组，发生项目的增资或减资情况，此类情况需要对其享受进口税收优惠资格重新认定，对于可享受进口税收优惠的（包括未执行完的项目），海关凭企业合并分立等的相关批准文件、有关部门出具的鼓励类项目确认书办理海关手续。按照规定需要缴税的，应当依法缴清税款。

问题 19　我公司为外商投资企业，鼓励类项目确认书办下来后正向海关申请减免税备案，现有一批项目项下设备即将到港，减免税备案及审批手续还未来得及办齐，想了解一下能否凭银行的税款担保先办理进口报关手续？

😊 如有主管海关按照规定已经受理减免税备案或者审批申请，尚未办理完毕相应情形的，减免税申请人可以向海关申请凭税款担保先予办理货物放行手续。

减免税申请人需要办理税款担保手续的，应在货物申报进出口前向主管海关提出申请，并按照有关进出口税收优惠政策的规定向海关提交相关材料。主管海关在受理申请之日起 7 个工作日内，作出是否准予担保的决定。准予担保的，出具"中华人民共和国海关准予办理减免税货物税款担保证明"；不准予担保的，出具"中华人民共和国海关不准予办理减免税货物税款担保决定"。进出口地海关凭主管海关出具的准予担保证明，办理货物的税款担保和验放手续。因此，贵公司如符合上述情形，可向主管海关提出申请，由主管海关审核认定后出具同意担保证明后，到进境地海关办理担保验放手续。

问题 20 我公司打算进口的一台设备享受外资鼓励类项目减免税政策,已经办理了征免税证明(俗称"免表"),但是由于国外客户生产原因,设备一直无法进口,免表即将到期,请问能否申请延期?

☺ 减免税申请人应当在征免税证明有效期内办理有关进出口货物通关手续。不能在有效期内办理,需要延期的,应当在征免税证明有效期内向海关提出延期申请。经海关审核同意,准予办理延长征免税证明有效期手续。征免税证明可以延期一次,延期时间自有效期届满之日起算,延长期限不得超过6个月。如果贵公司免表尚在有效期内,请在有效期内向主管海关申请延期。

问题 21 我公司一批减免税货物违规移作他用被海关查到了,请问海关对追征税款的时效是怎么规定的?

☺ 海关应当自减免税货物违规移作他用的行为发生之日起3年内追征税款。其中,违规移作他用行为发生之日不能确定的,以海关发现行为之日作为违规行为发生之日;海关对纳税义务人是否违反规定进行调整、侦查和稽查期间,以及涉及境外协助开展税收核查的期限,排除在追征税款期限之外。

案例分析

案例 免税设备作他用,海关核准是前提

【简况】当事人扬州某公司持进出口货物征免税证明向海关申报免税进口3辆混凝土泵车和12辆混凝土搅拌车,车辆进口后,因场地建设尚未到位、施工资质证书也未领取等原因,且当事人与苏州某公司、无锡某公司、常州某公司都为台湾某公司在江苏省投资设立的外资企业,属同一集团公司,故当事人径自决定将上述设备分别存放在无锡公司、常州公司和苏州公司并使用。当事人申领到从事预拌商品混凝土专业资质证书后,将上述免税进口车辆陆续全部收回并投入本公司正式生产经营中。

海关认定当事人未经海关许可,将特定免税进口的货物交由他人使用,构成擅自将海关监管货物移作他用违规,对其作出罚款行政处罚。

【法律提示】特定减免税货物擅自移作他用,将面临法律责任。未经核准并补缴税款,擅自将特定减免税货物移作他用的,一般处货物价值10%左右的罚款,但上限不超过30%,有违法所得的,没收违法所得。特定减免税货物擅自移作他用漏缴税款的,可以另处漏缴税款1倍以下的罚款。除罚款外,由海关责令特定减免税申请人予以改正;漏缴税款的,必须补缴相应的税款及违规滞纳金,需要提交相关许可证件的,按照规定补办并向海关提交。

> **海关提醒**:特定减免税货物未经海关许可不得移作他用。
>
> 特定减免税进口货物/设备只能用于特定地区、特定企业或者特定用途,且只能由减免税申请人自己持有并按照申请的用途使用,关联企业、母子公司、协作单位均不能使用。需要移作他用的,减免税申请人应当事先向主管海关提出申请。
>
> 除海关总署另有规定外,将减免税货物移作他用的,减免税申请人应当按照移作他用的时间补缴相应税款;移作他用时间不能确定的,应当提交相应的税款担保,且税款担保不得低于减免税货物剩余监管年限应补缴税款总额。

法规索引

1. 《关税条例》(国务院令第392号,2003年发布)
2. 《中华人民共和国进出口货物减免税管理办法》(海关总署令第179

号,2008年发布)

3.《外商投资产业指导目录》(2015年修订)(国家发展改革委、商务部令第22号,2015年发布)

4.《海关总署关于调整〈外商投资项目不予免税的进口商品目录〉等目录商品税号的公告》(海关总署公告2008年第65号)

5.《产业结构调整指导目录》(2011年本)(修正)(国家发展改革委令第21号,2013年发布)

6.《关于调整〈国内投资项目不予免税的进口商品目录〉的公告》(财政部、国家发展改革委、海关总署、国家税务总局公告2012年第83号)

7.《财政部 国家发展改革委 工业和信息化部 海关总署 国家税务总局国家能源局关于调整重大技术装备进口税收政策的通知》(财关税〔2014〕2号)

8.《财政部 商务部 海关总署 国家税务总局关于继续执行研发机构采购设备税收政策的通知》(财税〔2011〕88号)

加工贸易监管篇

概 述

加工贸易是指经营企业进口全部或部分原辅材料、零部件、元器件、包装物料，经过加工或装配后，将制成品复出口的经营活动，包括来料加工和进料加工。

海关依法履行职责，加工贸易经营企业、加工企业、承揽者应当按照法律法规规定接受海关监管，办理加工贸易货物的手册账册申报、进出口报关、加工、监管、核销等手续。

法规摘编

● 企业从事加工贸易，应当持有关批准文件和加工贸易合同向海关备案，加工贸易制成品单位耗料量由海关按照有关规定核定。

——《海关法》（主席令第35号）第三十三条

● 加工贸易项下进口料件实行保税监管的，加工成品出口后，海关根据核定的实际加工复出口的数量予以核销。

——《中华人民共和国海关加工贸易货物监管办法》（以下简称《海关加工贸易货物监管办法》）（海关总署令第219号）第五条

● 加工贸易企业应当根据《中华人民共和国会计法》（以下简称《会计法》）及海关有关规定，设置符合海关监管要求的账簿、报表及其他有关单证，记录与本企业加工贸易货物有关的进口、存储、转让、转移、销售、加工、使用、损耗和出口等情况，凭合法、有效凭证记账并且进行核算。

加工贸易企业应当将加工贸易货物与非加工贸易货物分开管理。加工贸易货物应当存放在经海关备案的场所，实行专料专放。企业变更加工贸易货物存放场所的，应当经海关批准。

——《海关加工贸易货物监管办法》（海关总署令第219号）第十条

● 除国家另有规定外，加工贸易进口料件属于国家对进口有限制性规定的，经营企业免于向海关提交进口许可证件。

加工贸易出口制成品属于国家对出口有限制性规定的，经营企业应当向海关提交出口许可证件。

——《海关加工贸易货物监管办法》（海关总署令第219号）第四条

● 经营企业进口加工贸易货物，可以从境外或者海关特殊监管区域、保税监管场所进口，也可以通过深加工结转方式转入。

经营企业出口加工贸易货物，可以向境外或者海关特殊监管区域、保税监管场所出口，也可以通过深加工结转方式转出。

——《海关加工贸易货物监管办法》（海关总署令第219号）第二十条

重点问题

问题1　我公司想开展加工贸易，选择来料加工还是进料加工好？

😊 来料加工是指进口料件由境外企业提供，经营企业不需要付汇进口，按照境外企业的要求进行加工或装配，只收取加工费，制成品由境外企业销售的经营活动。

进料加工是指进口料件由经营企业付汇进口，制成品由经营企业外销出口的经营活动。

两者区别主要有：

（1）用汇不同。来料加工不动用外汇，而进料加工是我方经营企业动用外汇购买进口料件。

（2）货物所有权不同。来料加工货物所有权归境外企业，而进料加工货物所有权归我方经营企业。

（3）合同内容不同。来料加工的合同不是以货物所有权转移为内容的加工合同，而进料加工则是以货物所有权转移为特征的买卖合同。

	用汇	货物的所有权	合同内容	出口退税情况
来料加工	境外企业提供，不需要付汇进口，只收取加工费。	原料和成品所有权属于同一境外企业。	进出口交易属于同一份合同。经营企业不承担销售风险。	没有退税。
进料加工	经营企业付汇购买，出口后收汇。	经营企业拥有货物所有权。	原料进口和成品出口属于两份合同。经营企业需自筹资金、自寻销路、自负盈亏。	可退相应增值税。

问题2　我公司应如何办理加工贸易手册设立？

😊 加工贸易电子化手册于2008年5月在全国海关普遍推广应用。新加工贸易企业申请设立电子化手册，首先应以企业为单元建立加工贸易备案资料库，即企业对加工贸易料件和成品按照有关规定进行商品归类，并填制基本信息、料件和成品，海关予以建立备案资料库。

备案资料库建立后，企业凭商务主管部门签发的同意开展加工贸易业务的有效批准文件、商务主管部门签发的加工贸易企业生产能力证明、经营企业与加工企业签订的委托加工合同、经营企业对外签订的合同、海关认为需要提交的其他证明文件和材料,向海关申报设立手册。单证材料齐全有效的,海关自接受企业设立申报之日起5个工作日内完成设立手续。

问题3 我公司办理加工贸易手册设立应注意哪些方面?

😊 经营企业应当向加工企业所在地主管海关办理加工贸易手册设立手续。

经营企业与加工企业不在同一直属海关管辖的区域范围的,应当按照海关对异地加工贸易的管理规定办理手册设立手续。

经营企业办理加工贸易手册设立手续,应当如实申报贸易方式、单耗、进出口口岸,以及进口料件和出口成品的商品名称、商品编号、规格型号、价格和原产地等情况。

需要办理担保手续的,经营企业按照规定办理担保手续后,海关办理加工贸易手册设立手续。

> **海关提醒**:有下列情形之一的,海关不予办理手册设立手续:
> (1)进口料件或者出口成品属于国家禁止进出口的;
> (2)加工产品属于国家禁止在我国境内加工生产的;
> (3)进口料件不宜实行保税监管的;
> (4)经营企业或者加工企业属于国家规定不允许开展加工贸易的;
> (5)经营企业未在规定期限内向海关报核已到期的加工贸易手册,又重新申报设立手册的。

问题4 我公司的加工贸易货物可以和其他货物混放吗?

😊 加工贸易企业应当将加工贸易货物与非加工贸易货物分开管理。加工贸易货物应当存放在经海关备案的场所,实行专料专放。企业变更加工贸易货物存放场所的，应当经海关批准。

"海关备案的场所"是指加工贸易企业在办理海关注册登记及加工贸易业务时向海关备案的经营场所。

问题 5　我公司在生产中想混用加工贸易料件和非保税料件，需要注意什么？

☺ 因加工出口产品急需，经海关核准，经营企业可以在保税料件之间、保税料件与非保税料件之间进行串换，但被串换的料件应当属于同一企业。保税料件之间、保税料件和进口非保税料件之间的串换，必须符合同品种、同规格、同数量、不牟利的条件；保税料件和国产料件（不含深加工结转料件）之间的串换必须符合同品种、同规格、同数量、零关税税率，且商品不涉及进出口许可证件管理的条件。

经营企业因保税料件与非保税料件之间发生串换，串换下来同等数量的保税料件，经主管海关批准，由企业自行处置。

来料加工保税进口料件不得串换。

问题 6　我公司是综合保税区内一家生产企业，现有部分料件想转让给区内另一家企业，请问这种情况要办理什么手续？

☺ 综合保税区内的货物可在区内企业之间转让、转移，双方企业应当事先将转让、转移货物的具体品名、数量、金额等有关事项向海关备案。

问题 7　我公司如何办理银行保证金台账？

☺ 目前，海关与银行实现了保证金台账电子化联网管理，海关 H2010 系统会根据加工贸易备案的内容自动生成"银行保证金台账备案联系单"数据发往企业指定银行（中国银行、工商银行、光大银行），经营企业可通过柜台支付或网上支付的方式办理银行保证金台账业务，银行反馈数据后，H2010系统自动登记。加工贸易手册结案后，银行根据H2010系统反馈数据核销保证金台账。

为保持外贸稳定增长，将加工贸易商品分为禁止类、限制类和允许类。

（1）禁止类商品根据商务部、海关总署的联合公告进行调整，目前执行的是商务部、海关总署联合公告2009年第37号，商务部、海关总署联合公告2010年第63号，以及商务部、海关总署联合公告2014年第90号。纳入目录的商品禁止开展加工贸易。

（2）限制类商品根据商务部、海关总署的联合公告进行调整，目前执行的是商务部、海关总署联合公告2007年第44号，商务部、海关总署联合公告2008年第97号和商务部、海关总署联合公告2008年第120号。限制类商品的加工贸易实行银行保证金台账"实转"制度。

（3）允许类商品指除禁止类和限制类以外的其他商品。允许类商品的加工贸易实行银行保证金台账"空转"制度。

2014年12月1日起施行《海关企业信用管理暂行办法》（海关总署令第225号），根据企业信用状况将企业认定为高级认证企业、一般认证企业、一般信用企业和失信企业四类。高级认证企业开展的加工贸易，不实行银行保证金台账制度；一般认证企业开展的加工贸易，实行银行保证金台账"空转"制度；一般信用企业的限制类商品按应征税款的50%实行银行保证金台账"实转"制度；具备加工贸易经营权的失信企业按全部保税料件应征税款的100%缴纳台账保证金。

问题 8 我公司是做加工贸易的企业,因生产工艺需要将全部工序外发给另一家企业加工,请问我公司这样全部外发的情况,如果缴纳保证金海关是按照什么比例收取?

☺ 对全部工序外发的,经营企业应当在办理外发加工备案手续的同时缴纳相当于外发加工货物应缴税款金额的保证金或者银行、非银行金融机构保函。

问题 9 我公司应如何办理加工贸易深加工结转业务?

☺ 加工贸易深加工结转是指加工贸易企业将保税进口料件加工的产品转至另一加工贸易企业进一步加工后复出口的经营活动。

加工贸易企业开展深加工结转的,转出、转入企业应当向各自主管海关申报,办理实际收发货及报关手续。转出、转入企业应当分别在每批实际发货及收货后 10 天内通过预录入系统向海关申报保税货物深加工结转收发货单或保税货物深加工结转退货单电子数据。因技术原因导致无法在规定时限内申报收发货单,经主管海关同意,可适当延长申报时限,但最长不超过 20 天。

转入、转出企业应当在实际收发货的次月月底前办结该批货物的报关手续,但不得超过手册(包括联网监管电子账册、电子化手册、纸质手册等电子底账)有效期或核销截止日期。

问题 10 我公司办理外发加工应注意什么?

☺ 经营企业开展外发加工业务,应当按照外发加工的相关管理规定自外发之日起 3 个工作日内向海关办理备案手续。在货物外发之日起 10 日内申报实际收发货情况,同一手(账)册、同一承揽者的收、发货情况可合并办理。外发加工备案信息发生变化的，企业应及时变更有关信息。

对全工序外发的，企业需缴纳相当于外发加工货物应缴税款金额的保证金或者保函。企业变更外发加工信息时，涉及企业应缴纳外发加工保证金数量增加的，企业应补充缴纳保证金或者保函。

外发加工的成品、剩余料件，以及生产过程中产生的边角料、残次品、副产品等加工贸易货物，经营企业向所在地主管海关办理相关手续后，可以不运回本企业。

经营企业开展外发加工业务，不得将加工贸易货物转卖给承揽者。承揽者不得将加工贸易货物再次外发至其他企业进行加工。

问题 11　我公司应当如何向海关申报单耗？

😊 单耗，是指加工贸易企业在正常生产条件下加工生产单位出口成品所耗用的进口料件的数量。单耗包括净耗和工艺损耗。

净耗，是指在加工后，料件通过物理变化或者化学反应存在或者转化到单位成品中的量。

工艺损耗，是指因加工工艺原因，料件在正常加工过程中除净耗外所必需耗用，但不能存在或者转化到成品中的量，包括有形损耗和无形损耗。

申报单耗是加工贸易企业向海关报告单耗的行为。加工贸易企业应当在成品出口、深加工结转或者内销前如实向海关申报单耗。确有正当理由无法按期申报单耗的，应当留存成品样品及相关单证，并在成品出口、深加工结转或者内销前提出书面申请，经主管海关批准的，加工贸易企业可以在报核前申报单耗。

加工贸易企业申报单耗应当包括：

（1）加工贸易项下料件和成品的商品名称、商品编号、计量单位、规格型号和品质；

（2）加工贸易项下成品的单耗；

（3）加工贸易同一料件有保税和非保税料件的，应当申报非保税料件的比例、商品名称、计量单位、规格型号和品质。

问题 12　我公司是否可以向海关申请办理单耗变更或者撤销手续？

☺加工贸易企业可以向海关申请办理单耗变更或者撤销手续，但下列情形除外：

（1）保税成品已经申报出口的；

（2）保税成品已经办理深加工结转的；

（3）保税成品已经申请内销的；

（4）海关已经对单耗进行核定的；

（5）海关已经对加工贸易企业立案调查的。

问题 13　企业应该何时向海关申请办理加工贸易手册报核手续？

☺经营企业自加工贸易手册项下最后一批成品出口或者加工贸易手册到期之日起 30 日内向海关报核。经营企业对外签订的合同因故提前终止的，应当自合同终止之日起 30 日内向海关报核。

问题 14　企业如何申请办理加工贸易手册核销业务？

☺企业在申请办理加工贸易手册核销业务时，应当向海关如实申报进口料件、出口成品、边角料、剩余料件、残次品、副产品及单耗等情况，并向海关提交申请核销加工贸易货物的书面材料、加工贸易专用进出口货物报关单，以及海关按规定需要收取的其他单证和材料。

问题 15　企业如何申请办理加工贸易进口料件内销业务？

☺加工贸易保税进口料件因故转为内销的，企业应在货物内销前，持商务主管部门准予内销的有效批准文件，向海关办理保税进口料件内销征税手续。进口料件属于国家对进口有限制性规定的，经营企业还应当向海关提交进口许可证件。其中，内销料件金额占该加工贸易合同项下实际进口料件总额 3% 以内（含 3%），且总值在人民币 1 万元以下（含 1 万元）的，商务主管部门免予审批，免于提交许可证件。

问题 16　我公司是做进料加工的企业，成品一直出口到境外，近期有批成品质量可能达不到外商要求需要做内销处理，请问能否办理？

☺可以申请内销。除特别规定外，应当向海关提交商务主管部门签发的加工贸易保税进口料件内销批准证、与归类和审价有关的材料，并如实申报加工贸易货物内销征税联系单，凭以办理通关手续。

问题 17　加工贸易生产过程中产生的边角料、剩余料件、残次品、副产品该怎么处理？

☺加工贸易保税进口料件加工后产生的边角料、剩余料件、残次品、副产品及受灾保税货物均属于海关监管货物，未经海关许可，任何企业、单位、个人不得擅自销售或者移作他用。加工贸易企业申请内销的，按照《中华人民共和国海关关于加工贸易边角料、剩余料件、残次品、副产品和受灾保税货物的管理办法》（海关总署令第 111 号）相关规定办理，海关凭相关单证核销。

问题18　企业如何申请办理加工贸易不作价设备保税备案业务？

😊加工贸易外商提供的不作价进口设备，指与加工贸易经营企业开展加工贸易的外商，以免费即不需经营企业付汇进口，也不需用加工费或差价偿还方式，向经营企业提供的加工生产所需设备。

免税进口和使用外商提供的不作价设备必须符合下列条件之一：

（1）设有独立专门从事加工贸易（即不从事内销产品加工生产）的工厂或车间，并且不作价设备仅限在该工厂或车间使用。

（2）对未设有独立专门从事加工贸易的工厂或车间，以现有加工生产能力为基础开展加工贸易的项目，使用不作价设备的加工生产企业，在加工贸易合同（协议）期限内，其每年加工产品必须是70%以上属出口产品。

经营企业进口不作价设备，须在加工贸易合同（协议）中列明进口不作价设备的条款（即列明外商以免费方式提供，不需加工贸易经营单位付汇进口，也不需用加工费或差价偿还设备款），并附加工贸易不作价设备申请备案清单。

加工贸易企业凭商务主管部门签发的加工贸易不作价设备批准证及其清单、商务部门批准的加工贸易合同和不作价设备协议等资料向主管海关办理加工贸易不作价设备保税备案业务。

目前不予免税的不作价设备范围：

（1）《外商投资项目不予免税的进口商品目录》所列商品；

（2）国务院规定一律停止减免税的20种商品；

（3）《进口不予免税的重大技术装备和产品目录》所列商品。

问题 19　我公司可以申请联网监管吗？要注意什么？

☺ 海关对加工贸易企业实施联网监管，是指加工贸易企业通过数据交换平台或者其他计算机网络方式向海关报送能满足海关监管要求的物流、生产经营等数据，海关对数据进行核对、核算，并结合实物进行核查的一种加工贸易海关监管方式。

电子账册是海关以企业为单元为联网企业建立的电子底账，不实行银行保证金台账制度（除备案料件、成品中有涉及限制类"实转"商品）。

申请联网监管企业的基本条件是：具备加工贸易经营资格，在海关注册，属于生产型企业。

根据企业实际情况，海关将对以下内容作出评估：

（1）企业是否对采购、生产、仓库、财务、销售等经营业务实施全程计算机管理；

（2）企业内部管理是否规范，能否按照海关要求提供真实、准确、可靠和具备海关核查功能的数据；

（3）企业是否有走私、违规、欠税或其他瞒骗等信誉不良记录；

（4）企业的年生产加工能力、加工生产周期、最大周转金额；

（5）企业是否具备必要的计算机联网监管程序开发和维护能力；

（6）保税料件与非保税料件账、货是否分开管理。

> **海关提醒**：对存在以下情况，不具备联网监管条件的企业，海关可依法撤销其联网监管资格：
> （1）不再从事加工贸易业务的；
> （2）不具备加工贸易经营资格的，包括企业倒闭或破产、被政府主管部门撤销经营资格、被降为 D 类管理类别等；
> （3）海关依法确认须取消联网监管资格的其他情形。

问题 20　我公司保税货物内销可否按月集中补税？

😊 加工贸易内销集中征税，是指符合条件的加工贸易企业先行内销加工贸易保税货物，再集中向主管海关办理内销纳税手续。

对于联网监管企业，企业可在领取商务主管部门加工贸易保税进口料件内销批准证后，在审批范围内先内销保税货物，并在内销的当月内向海关办理内销集中纳税申报手续。苏州地区企业可在货物内销后的次月 15 日前（不得跨年度）向海关办理内销集中纳税申报手续。内销保税货物中如涉及许可证件管理的商品，应当在取得相应的许可证件后，再向海关申请办理。

对 B 类及以上的非联网监管加工贸易企业，企业应向海关提交集中办理内销纳税手续情况表，并应按规定向海关提供相应担保。企业内销加工贸易货物后，须在当月月底前凭商务主管部门加工贸易保税进口料件内销批准证、发货记录单向海关办理内销集中纳税申报手续，且不得超过手册有效期。内销保税货物中如涉及许可证件管理的商品，应当在取得相应的许可证件后，再向海关申请办理。

加工贸易废料通过加工贸易废料交易平台公开交易后，经海关批准，企业可凭交易鉴定报告，并在向海关提供相应担保后，办理先内销加工贸易废料后缴纳税款手续。

问题 21　海关是否对联网监管电子账册进口料件和成品实施归并管理？

😊 主管海关根据监管需要，按照商品名称、商品编码和计量单位等条件，将联网企业内部管理的料号级商品与电子底账备案的项号级商品进行归并或者拆分，建立一对多或者多对一的对应关系。具体归并规则参照《关于实施〈加工贸易联网监管进出口商品归并规则〉（试行）的公告》（海关总署公告 2010 年第 55 号）。

问题 22 "E"账册的核销周期一般为多长？

😊 对采用电子账册管理模式的联网企业，由主管海关按实际监管需要确定核销周期，一般为 180 或 360 天，最长不得超过 1 年。

案例分析

案例　企业单耗申报不实违规处罚案

【简况】2007 年 11 月，某企业向海关申请核销加工贸易手册，其中第 23 项成品锂离子电池组对应保税料件锂离子蓄电池的报核单耗为 5，申报总计耗用锂离子蓄电池 97500 个，其中耗用保税料件锂离子蓄电池 80500 个，其余耗用为非保税料件。但实际该本手册项下出口的保税成品对应保税料件锂离子蓄电池的真实单耗为 3，耗用保税料件锂离子蓄电池 58500 个。企业核销手册时单耗申报错误导致手册项下多核销了保税料件锂离子蓄电池 22000 个。

2008 年 5 月，企业再次向海关申请核销另一本加工贸易手册，其中第 4 项成品锂离子电池组对应保税料件锂离子蓄电池的报核单耗为 6，申报总计耗用锂离子蓄电池 240000 个，其中耗用保税料件锂离子蓄电池 137073 个，其余耗用为非保税料件，2008 年 5 月 26 日，该手册核销结案。但实际该本手册项下出口的保税成品共有两种，其中一种成品的实际单耗为 3，总计耗用保税料件锂离子蓄电池 127500 个。企业单耗申报错误导致手册项下多核销了保税料件锂离子蓄电池 9573 个。

经核定,因单位申报不准共计多核销保税料件锂离子蓄电池 31573 个,价值人民币 317736.04 元,涉及税款人民币 75263.49 元。2009 年 12 月,海关认定涉案企业构成单耗申报不实违规,并对其作出罚款人民币 32000 元的行政处罚。

【法律提示】单耗申报不实的违规行为应承担的法律责任如下:

(1)单耗申报不实的,将被处申报单耗耗用保税料件与实际单耗耗用保税差额的保税料件价值 10% 的罚款,有违法所得的,没收违法所得;漏缴税款的,可以另处漏缴税款 1 倍以下罚款。

(2)因工作失误在单耗申报环节未能如实申报单耗,或者申报时如实申报了单耗,但因生产技术的提高等原因单耗发生变更,未能及时向海关申请变更,但是在手册核销环节如实向海关报核了真实单耗的,可以从轻或减轻处罚。

(3)在海关核销手册前发现单耗申报错误的,责令当事人更改单耗,重新申报并核销;手册核销结案后发现单耗申报错误的,责令当事人补缴申报单耗与实际单耗差额部分保税料件的应缴税款及相应的违规滞纳金。

(4)明知生产成品的实际单耗,而故意高报,截留保税料件或成品,致使其脱离海关监管,偷逃税款的,定性伪报单耗走私;情节严重偷逃税款数额较大的,构成走私犯罪,依法追究刑事责任。

> **海关提醒**:企业应正确申报加工贸易单耗。根据企业不同的生产工艺和生产状况,企业应当选择合适的单耗申报时点,及时向海关如实申报单耗。同时,严格管控实际单耗,当发现生产单耗与申报单耗有差异时,及时向海关申请变更单耗。
>
> 在核销环节企业应据实提供实际单耗数据。企业如果在核销环节发现之前的单耗申报有误,应当主动向海关说明并提供真实的单耗数据,否则将承担法律责任。

法规索引

1.《海关法》(主席令第35号,2014年修订)

2.《海关加工贸易货物监管办法》(海关总署令第219号,2014年发布)

3.《中华人民共和国海关关于加工贸易边角料、剩余料件、残次品、副产品和受灾保税货物的管理办法》(海关总署令第111号,2004年发布)

4.《中华人民共和国海关加工贸易企业联网监管办法》(海关总署令第150号,2006年发布)

5.《中华人民共和国海关加工贸易单耗管理办法》(海关总署令第155号,2007年发布)

保税监管篇

概　述

海关特殊监管区域和场所是推动加工贸易转型升级的主战场，是促进地区全面深化改革、向自由贸易区大步迈进的试验田，在加快转变地区经济发展方式、全面提升经济增长质效方面发挥了重要作用。党的十八届三中全会明确指出要加快海关特殊监管区域整合优化，国家"十二五"规划也提出"要进一步完善海关特殊监管区域政策和功能"。当前，对特殊区域和场所的监管模式进行改革优化、最大限度地释放载体的功能活力、为市场在资源配置中起到决定性作用而营造良好监管环境，是海关当前保税改革的重点。

目前，南京关区已经具备了多元化保税仓储物流监管体系和模式。海关特殊监管区域主要类型有：保税港区（综合保税区）、保税区、出口加工区、保税物流园区。保税监管场所类型主要有：保税物流中心、保税仓库、出口监管仓库等。

法规摘编

● 区内企业的生产经营活动应当符合国家产业发展要求，不得开展高耗能、高污染和资源性产品，以及列入《加工贸易禁止类商品目录》商品的加工贸易业务。

——《中华人民共和国海关保税港区管理暂行办法》（根据海关总署令第191号修改）第十四条

● 保税区内仅设置保税区行政管理机构和企业。除安全保卫人员外，其他人员不得在保税区内居住。

——《保税区海关监管办法》（海关总署令第65号）第四条

● 国家禁止进出口的货物、物品，不得进出保税区。

——《保税区海关监管办法》（海关总署令第65号）第八条

● 区内不得经营商业零售、一般贸易、转口贸易及其他与加工区无关的业务。

——《中华人民共和国海关对出口加工区监管的暂行办法》（根据国务院令第389号修改）第六条

● 园区内不得开展商业零售、加工制造、翻新、拆解及其他与园区无关的业务。

——《中华人民共和国海关对保税物流园区的管理办法》（海关总署令第134号）第八条

● 保税仓库不得存放国家禁止进境货物，不得存放未经批准的影响公共安全、公共卫生或健康、公共道德或秩序的国家限制进境货物，以及其他不得存入保税仓库的货物。

——《中华人民共和国海关对保税仓库及所存货物的管理规定》（海关总署令第105号）第六条

● 保税仓库不得转租、转借给他人经营，不得下设分库。

——《中华人民共和国海关对保税仓库及所存货物的管理规定》（海关总署令第105号）第十四条

● 出口监管仓库不得存放下列货物：

（一）国家禁止进出境货物；

（二）未经批准的国家限制进出境货物；

（三）海关规定不得存放的其他货物。

——《中华人民共和国海关对出口监管仓库及所存货物的管理办法》（海关总署令第133号）第八条

● 出口监管仓库必须专库专用，不得转租、转借给他人经营，不得下设分库。

——《中华人民共和国海关对出口监管仓库及所存货物的管理办法》（海关总署令第133号）第十四条

● 物流中心经营企业不得在本物流中心内直接从事保税仓储物流的经营活动。

——《中华人民共和国海关对保税物流中心（B型）的暂行管理办法》（海关总署令第130号）第六条

● 物流中心不得转租、转借他人经营，不得下设分中心。

——《中华人民共和国海关对保税物流中心（B型）的暂行管理办法》（海关总署令第130号）第十四条

● 中心内企业不得在物流中心内开展下列业务：

（一）商业零售；

（二）生产和加工制造；

（三）维修、翻新和拆解；

（四）存储国家禁止进出口货物，以及危害公共安全、公共卫生或者健康、公共道德或者秩序的国家限制进出口货物；

（五）法律、行政法规明确规定不能享受保税政策的货物；

（六）其他与物流中心无关的业务。

——《中华人民共和国海关对保税物流中心（B型）的暂行管理办法》（海关总署令第130号）第十六条

重点问题

问题1　我公司想了解保税仓库是怎么分类的，设立保税仓库要符合什么条件？

保税仓库按照使用对象不同分为公用型保税仓库、自用型保税仓库。

申请设立公共型保税仓库的企业必须具有工商行政管理部门核准的仓储经营权，注册资本最低为300万元人民币，拟建仓库的面积不得少于2000平方米（液体危险品保税仓库容积最低为5000立方米）。

申请设立自用型保税仓库必须是加工贸易企业法人，年出口额最低为1000万美元。

申请设立保税仓库的企业，应当具备以下条件：

（1）经工商行政管理部门注册登记，具有企业法人资格；

（2）注册资本最低限额为300万元人民币；

（3）具备向海关缴纳税款的能力；

（4）具有专门存储保税货物的营业场所；

（5）经营特殊许可商品存储的，应当持有规定的特殊许可证件；

（6）经营备料保税仓库的加工贸易企业，年出口额最低为1000万美元；

（7）法律、行政法规、海关规章规定的其他条件。

保税仓库由直属海关审批，报海关总署备案。企业申请设立保税仓库的，应当向仓库所在地主管海关提交书面申请，并随附相关证明材料。主管海关对申请材料提出初审意见后报请直属海关审批。

设立保税仓库的申请材料齐全有效的，主管海关予以受理。申请材料不齐全或者不符合法定形式的，主管海关应当在5个工作日内一次性告知申请人需要补正的全部内容。主管海关应当自受理申请之日起20个工作日内提出初审意见并将有关材料报送直属海关审批。直属海关应当自接到材料之日起20个工作日内审查完毕，对符合条件的，出具批准文件，批准文件的有效期为1年；对不符合条件的，应当书面告知申请人理由。

问题2　我公司想了解公共型保税仓库和自用型保税仓库的区别有哪些？

公共型保税仓库与自用型保税仓库的区别如下：

（1）所存货物的供给对象不同。前者是面向全社会提供公共型保税仓储物流服务，后者存储的货物仅供本企业自用。

（2）功能不同。前者可以对所存货物开展包装、打膜、印刷唛码、分拆、分级、分类、拼装等流通性简单加工和增值服务，后者是为特定加工贸易企业供应生产自用的生产性物料、零配件等，不能开展简单加工服务。

（3）面积标准不同。前者要求最低面积2000平方米，后者没设最低门槛。

（4）经营范围要求不同。前者必须具有工商行政管理部门核准的仓储经营权，后者经营主体无须具有仓储经营权。

（5）经营主体的性质不同。前者对经营主体的性质不做特别要求，可以是外贸企业、物流企业或生产型企业等，但后者的经营主体只能是加工贸易企业。

问题3　我公司想了解专用型保税仓库有哪些类别？

☺ 保税仓库中专门用来存储具有特定用途或特殊种类商品的称为专用型保税仓库，其类型主要分为液体危险品保税仓库、备料型保税仓库、寄售维修保税仓库和其他专用型保税仓库。专用型保税仓库是公共型保税仓库和自用型保税仓库下面一种专业性较强的仓库类型。专用型保税仓库既可以是公共型的，也可以是自用型的。

问题4　我公司有一批货想存入保税仓库，哪些货物经海关批准可以存入保税仓库？

☺ 下列货物经海关批准可以存入保税仓库：

（1）加工贸易进口货物；

（2）转口货物；

（3）供应国际航行船舶和航空器的油料、物料和维修用零部件；

（4）供维修外国产品所进口寄售的零配件；

（5）外商暂存货物；

（6）未办结海关手续的一般贸易货物；

（7）经海关批准的其他未办结海关手续的货物。

> **海关提醒**：保税仓库应当按照海关批准的存放货物范围和商品种类开展保税仓储业务。
>
> 保税仓库不得存放国家禁止进境货物，不得存放未经批准的影响公共安全、公共卫生或健康、公共道德或秩序的国家限制进境货物，以及其他不得存入保税仓库的货物。

问题 5　我公司想了解在什么情况下可终止保税仓库经营企业从事保税仓储业务？

☺ 保税仓库无正当理由连续 6 个月未经营保税仓储业务的，保税仓库经营企业应当向海关申请终止保税仓储业务。经营企业未申请的，海关注销其注册登记，并收回保税仓库注册登记证书。

保税仓库不参加年审或者年审不合格的，海关注销其注册登记，并收回保税仓库注册登记证书。

保税仓库因其他事由终止保税仓储业务的，由保税仓库经营企业提出书面申请，经海关审核后，交回保税仓库注册登记证书，并办理注销手续。

问题 6　我公司想在保税仓库内进行加工，可以吗？

☺ 保税仓储货物可以进行包装、分级分类、加刷唛码、分拆、拼装等简单加工，不得进行实质性加工。

问题 7　我公司想了解哪些保税仓储货物出库时免征关税和进口环节海关代征税？

☺ 以下保税仓储货物出库时，免征关税和进口环节海关代征税：

（1）用于在保修期限内免费维修有关外国产品并符合无代价抵偿货物有关规定的零部件；

（2）用于国际航行船舶和航空器的油料、物料；

（3）国家规定免税的其他货物。

问题 8　我公司想了解保税仓储货物存储期限是多少，能否延长？

☺ 保税仓储货物存储期限是 1 年。

保税仓储货物在存储期间确有正当理由需延长存储期限的，经海关同意可予以延期；除特殊情况外，延期不得超过 1 年。

问题 9　我公司想了解什么是保税物流中心？保税物流中心内存放货物的种类有哪些？

☺ 目前国内保税物流中心分为 A 型和 B 型。

保税物流中心（A 型），是指经海关批准，由中国境内企业法人经营，专门从事保税仓储物流业务的海关监管场所。

保税物流中心（B 型），是指经海关批准，由中国境内一家企业法人经营，多家企业进入并从事保税仓储物流业务的海关集中监管场所。

下列货物，经海关批准可以存入物流中心：

（1）国内出口货物；

（2）转口货物和国际中转货物；

（3）外商暂存货物；

（4）加工贸易进出口货物；

（5）供应国际航行船舶和航空器的物料、维修用零部件；

（6）供维修外国产品所进口寄售的零配件；

（7）未办结海关手续的一般贸易进口货物；

（8）经海关批准的其他未办结海关手续的货物。

问题 10　我公司想了解利用保税物流中心可以开展哪些业务？

☺ 保税物流中心可以开展下列业务：

（1）保税存储进出口货物及其他未办结海关手续货物；

（2）对所存货物开展流通性简单加工和增值服务；

（3）全球采购和国际分拨、配送；

（4）转口贸易和国际中转；

（5）经海关批准的其他国际物流业务。

问题 11　我公司想了解海关对出口加工区如何监管？哪些类型企业适合入区？

😊 出口加工区与中华人民共和国境内的其他地区之间，须设置符合海关监管要求的隔离设施及闭路电视监控系统。海关在加工区内设立机构，对进、出加工区的货物及区内相关场所实行 24 小时监管。

出口加工型企业，专为出口加工企业生产提供服务的仓储企业，经海关核准专门从事加工区内货物进、出的运输企业适合入区。

问题 12　我公司想了解出口加工区的主要优惠政策有哪些？

😊 出口加工区的主要优惠政策有：

（1）区内企业开展加工贸易业务不实行加工贸易银行保证金台账制度，海关不实行加工贸易登记手册管理；

（2）从境内区外进入出口加工区的国产原材料、零配件及合理数量的基建物资、办公用品，视同出口，入区予以退税；

（3）区内加工产品不征收增值税。

问题 13　我公司想了解出口加工区有哪些税收政策？

😊 出口加工区的税收政策如下：

（1）区内生产性的基础设施建设项目所需的机器、设备和建设生产厂房、仓储设施所需的基建物资，区内企业生产所需的机器、设备、模具及其维修用零配件，区内企业和行政管理机构自用合理数量的办公用品均予以免税；

（2）区内企业为加工出口产品所需的原材料、零部件、元器件、包装物料及消耗性材料，予以保税；

（3）国家对区内加工产品不征收增值税；

（4）从区外（境内）进入出口加工区的国产原材料、零配件及合理数量的基建物资、办公用品，入区予以退税；

（5）区内企业和行政管理机构自用的交通运输工具、生活消费用品，按进口货物的有关规定办理报关手续，海关予以照章征税；

（6）区内货物销往境内一律按成品征税。

问题 14　我公司想了解保税港区和综合保税区有哪些功能？

保税港区是经国务院批准，设立在国家对外开放的口岸港区和与之相连的特定区域内，具有口岸、物流、加工等功能的海关特殊监管区域。

综合保税区是经国务院批准，设立在内陆地区的具有保税港区功能的综合保税区，参照保税港区管理办法进行管理。

问题 15　我公司想了解保税港区可以开展哪些业务？

保税港区可以开展如下业务：

（1）存储进出口货物和其他未办结海关手续的货物；

（2）国际转口贸易；

（3）国际采购、分销和配送；

（4）国际中转；

（5）检测和售后服务维修；

（6）商品展示；

（7）研发、加工、制造；

（8）港口作业；

（9）经海关批准的其他业务。

问题 16　我公司想了解哪些货物从境外进入保税港区，海关免征进口关税和进口环节海关代征税？

☺ 除法律、行政法规另有规定外，下列货物从境外进入保税港区，海关免征进口关税和进口环节海关代征税：

（1）区内生产性的基础设施建设项目所需的机器、设备和建设生产厂房、仓储设施所需的基建物资；

（2）区内企业生产所需的机器、设备、模具及其维修用零配件；

（3）区内企业和行政管理机构自用合理数量的办公用品。

问题 17　我公司是在境内注册的外资公司，能否以租赁方式承租保税仓库从事经营业务？

☺ 保税仓库不得转租、转借给他人经营，不得下设分库。因此，外资企业不得租赁保税仓库来从事经营业务。但如果企业已经在境内办理过企业注册，就可以承租一般性仓库，然后再向海关申请设立保税仓库。

问题 18　外资企业加工贸易成品出口到保税物流中心能否享受出口退税？

☺ 外资企业加工贸易成品出口到保税物流中心（B型）原则上可以享受出口退税政策。

问题 19　外资企业不作价设备进口是否可免关税、增值税？

☺ 对加工贸易外商提供的不作价设备在2008年12月31日及以前已

经办理加工贸易手册备案,并且在 2009 年 6 月 30 日及以前向海关申报进口的,在符合原有关免税规定范围内继续免征关税和进口环节增值税。

自 2009 年 1 月 1 日起,海关办理不作价设备加工贸易手册备案或备案变更,一律征收进口环节增值税,在符合原有相关免税规定范围内继续免征关税。

问题 20 我公司是综合保税区内一家生产企业,现有一批保税料件需要内销给区外一家企业,请问报关时海关如何确定完税价格?

☺ 除保税区以外的海关特殊监管区域内企业内销的保税加工料件或者其制成品,以其内销价格为基础审查确定完税价格。如内销价格不能确定的,海关以接受内销申报的同时或者大约同时内销的相同或者类似的保税货物的内销价格为基础审查确定完税价格。

问题 21 我公司想了解一下货物进入海关特殊监管区域不征收出口关税和退税方面的政策?

☺ 对具有保税加工功能的出口加工区、保税港区、综合保税区、珠澳跨境工业区(珠海园区)和中哈霍尔果斯国际边境合作中心(中方配套区域)的区内生产企业在国内(境内区外)采购用于生产出口产品的原材料,进区时不征收出口关税。

区内生产企业在国内采购用于区内生产出口产品的,并已经取消出口退税的成品革、钢材、铝材和有色金属材料等原材料,进区时按增值税法定征收税率予以退税。

上述原材料未经实质性加工的,不得转让或销售给区内非生产企业、直接出境或以保税方式出区;如出区销往境内区外的,一律照章征收进关税和进口环节增值税。

案例分析

案例　某保税仓库擅自存放非保税货物违规案

【简况】2010年6月,经营保税仓储业务的江苏某仓储有限公司在例行检查中发现,存有16000吨储备柴油的两个非保税储罐存在明显安全隐患。为及时消除安全隐患,该公司分别于2010年7月、8月在未经主管海关批准的情况下,擅自将原先存放在上述两个储罐内的非保税柴油移至经海关批准专用于存放保税货物的保税储罐内,清空原储罐并进行维修。维修结束后,又将非保税柴油移回,被海关查获。

2010年10月,海关认定企业擅自在保税仓库存放非保税货物的行为违反了国家关于保税仓库及所存货物的管理规定,依法对其作出罚款的行政处罚。

【法律提示】保税仓库经营企业的违法行为应承担相应的法律责任:

(1)未经海关批准在保税仓库擅自存放非保税货物,私自设立保税仓库分库的或者保税货物管理混乱、账目不清的,定性违规,由海关予以警告或处最高不超过人民币3万元的罚款。

(2)保税仓储货物在存储期间发生损毁或者灭失的,除不可抗力外,保税仓库应当依法向海关缴纳损毁、灭失货物的税款,并承担不高于货物价值30%的罚款。

(3)与他人串通合谋,为实际未进出保税仓库的货物制作、提供虚假进出保税仓库单据、证明等资料的,或者私自调换、发运保税仓库货物的,按照具体行为的性质和危害后果定性处罚。

法规索引

1.《海关法》(主席令第 35 号,2014 年修订)

2.《国务院关于修改〈中华人民共和国海关对出口加工区监管的暂行办法〉的决定》(国务院令第 389 号,2003 年发布)

3.《保税区海关监管办法》(海关总署令第 65 号,1997 年发布)

4.《中华人民共和国海关对保税仓库及所存货物的管理规定》(海关总署令第 105 号,2003 年发布)

5.《中华人民共和国海关对保税物流中心(B 型)的暂行管理办法》(海关总署令第 130 号,2005 年发布)

6.《中华人民共和国海关对出口监管仓库及所存货物的管理办法》(海关总署令第 133 号,2005 年发布)

7.《中华人民共和国海关保税港区管理暂行办法》(海关总署令第 191 号,2010 年修订)

8.《关于部分进入海关特殊监管区域的产品不征收出口关税的公告》(海关总署公告 2008 年第 21 号)

9.《财政部 海关总署 国家税务总局关于国内采购材料进入出口加工区等海关特殊监管区域适用退税政策的通知》(财税〔2008〕10 号)

10.《关于公布第二批进入海关特殊监管区域不征收出口关税产品清单的公告》(海关总署公告 2008 年第 85 号)

进出境公自用物品篇

概 述

海关是国家的进出境监督管理机关。作为进出口企业管理人员，除了贸易性货物进出口的海关政策外，也有必要了解本人和本机构非贸易性物品进出境的管理规定，包括常驻机构公用物品、非居民长期旅客个人行李（包括分离运输行李）物品、个人邮递物品、快递物品、免税品的基本规定。

本篇用通俗易懂的文字介绍了办理上述海关业务中的常见疑难问题，并对典型案例进行了分析，为进出境旅客及各类进出境物品的持有人提供一个全面、准确了解海关规定的窗口和渠道。希望相关人员在办理通关手续的过程中少走弯路、减少误解。

法规摘编

● 海关可以行使下列权力：

（一）检查进出境运输工具，查验进出境货物、物品；对违反本法或者其他有关法律、行政法规的，可以扣留。

（二）查阅进出境人员的证件；查问违反本法或者其他有关法律、行政法规的嫌疑人，调查其违法行为。

（三）查阅、复制与进出境运输工具、货物、物品有关的合同、发票、账册、单据、记录、文件、业务函电、录音录像制品和其他资料；对其中与违反本法或者其他有关法律、行政法规的进出境运输工具、货物、物品有牵连的,可以扣留。

——《海关法》(主席令第 35 号)第六条

● 进出境旅客必须将所带的全部行李物品交海关查验。

——《中华人民共和国海关对进出境旅客行李物品监管办法》(海关总署令第 9 号)第三条

● 旅客携运《中华人民共和国禁止进出境物品表》所列的物品进出境,在海关检查以前主动报明的,分别予以没收或者责令退回,并可酌情处以罚款。藏匿不报的,按照《海关法》第四十七条、第四十八条的规定处罚。

——《中华人民共和国海关对进出境旅客行李物品监管办法》(海关总署令第 9 号)第七条

● 经海关核准暂时进出境的旅行自用物品,在旅客行李物品监管时限内,由旅客复带出境或进境。海关依照规定凭担保准予暂时免税放行的其他物品,应由旅客在规定期限内,办结进出境手续或将原物复带出境或进境。

——《中华人民共和国海关对进出境旅客行李物品监管办法》(海关总署令第 9 号)第九条

● 旅客携带中药材、中成药出境,前往港澳地区的,总值限人民币一百五十元,前往国外的,限人民币三百元。

——《中华人民共和国海关对旅客携带和个人邮寄中药材、中成药出境的管理规定》(海关总署令第 12 号)第二条

第三部分　基本规定
进出境公自用物品篇

● 个人邮寄中药材、中成药出境，寄往港澳地区的，总值限人民币一百元，寄往国外的，限人民币二百元。

——《中华人民共和国海关对旅客携带和个人邮寄中药材、中成药出境的管理规定》（海关总署令第 12 号）第三条

● 中国籍旅客携运进境的行李物品，在本规定所附《中国籍旅客带进物品限量表》（简称《限量表》，见下表）规定的征税或免税物品品种、限量范围内的，海关准予放行，并分别验凭旅客所持有效出入境旅行证件及其他有关证明文件办理物品验放手续。

对不满 16 周岁者，海关只放行其旅途需用的《限量表》第一类物品。

——《中华人民共和国海关对中国籍旅客进出境行李物品的管理规定》（海关总署令第 58 号）第三条

中国籍旅客带进物品限量表

类别	品种	限量
第一类物品	衣料、衣着、鞋、帽、工艺美术品和价值人民币 1000 元以下（含 1000 元）的其他生活用品	自用合理数量范围内免税，其中价值人民币 800 元以上，1000 元以下的物品每种限一件。
第二类物品	烟草制品 酒精饮料	（1）香港、澳门地区居民及因私往来香港、澳门地区的内地居民，免税香烟 200 支，或雪茄 50 支，或烟丝 250 克；免税 12 度以上酒精饮料限 1 瓶（0.75 升以下）； （2）其他旅客，免税香烟 400 支，或雪茄 100 支，或烟丝 500 克；免税 12 度以上酒精饮料限 2 瓶（1.5 升以下）。

续表

类别	品种	限量
第三类物品	价值人民币1000元以上,5000以下(含5000元)的生活用品	(1)驻境外的外交机构人员、我出国留学人员和访问学者、赴外劳务人员和援外人员,连续在外每满180天(其中留学人员和访问学者物品验放时间从注册入学之日起算至毕结业之日止),远洋船员在外每满120天任选其中1件免税; (2)其他旅客每公历年度内进境可任选其中1件征税。

表注：1. 本表所称进境物品价值以海关审定的完税价格为准；

2. 超出本表所列最高限值的物品，另按有关规定办理；

3. 根据规定可免税带进的第三类物品，同一品种物品公历年度内不得重复；

4. 对不满16周岁者，海关只放行其旅途需用的第一类物品；

5. 本表不适用于短期内多次来往香港、澳门地区旅客和经常进出境人员，以及边境地区居民。

● 《中华人民共和国禁止进出境物品表》见下表。

——《中华人民共和国禁止、限制进出境物品表》(海关总署令第43号)

中华人民共和国禁止进出境物品表

禁止进境物品	禁止出境物品
(1)各种武器、仿真武器、弹药及爆炸物品； (2)伪造的货币及伪造的有价证券； (3)对中国政治、经济、文化、道德有害的印刷品、胶卷、照片、唱片、影片、录音带、录像带、激光视盘、计算机存储介质及其他物品(包括赌博用筹码)； (4)各种烈性毒药； (5)鸦片、吗啡、海洛因、大麻，以及其他能使人成瘾的麻醉品、精神药物； (6)带有危险性病菌、害虫及其他有害生物的动物、植物及其产品； (7)有碍人畜健康的、来自疫区的，以及其他能传播疾病的食品、药品或其他物品。	(1)列入禁止进境范围的所有物品； (2)内容涉及国家秘密的手稿、印刷品、胶卷、照片、唱片、影片、录音带、录像带、激光视盘、计算机存储介质及其他物品； (3)珍贵文物及其他禁止出境的文物； (4)濒危的和珍贵的动物、植物(均含标本)及其种子和繁殖材料。

- 《中华人民共和国限制进出境物品表》见下表。

——《中华人民共和国禁止、限制进出境物品表》(海关总署令第43号)

中华人民共和国限制进出境物品表

限制进境物品	限制出境物品
(1) 无线电收发信机、通信保密机； (2) 烟、酒； (3) 濒危的和珍贵的动物、植物（均含标本）及其种子和繁殖材料； (4) 国家货币； (5) 海关限制进境的其他物品（包括但不仅限于微生物、生物制品、血液及其制品、人类遗传资源、管制刀具、卫星电视接收设备）。	(1) 金银等贵重金属及其制品； (2) 国家货币； (3) 外币及其有价证券； (4) 无线电收发信机、通信保密机； (5) 贵重中药材； (6) 一般文物； (7) 海关限制出境的其他物品（包括但不仅限于微生物、生物制品、血液及其制品、人类遗传资源、管制刀具）。

表注：上述物品需持有关主管部门证明文件方可通关。

重点问题

问题1 听说海关允许一些外资机构以公司名义进境物品，不知道需要什么条件？

海关允许常驻机构申请进境公用物品。这里的"常驻机构"，是指境外企业、新闻机构、经贸机构、文化团体及其他境外法人经中华人民共和国政府主管部门批准，在境内设立的常设机构。这里的"公用物品"，指的是常驻机构开展业务所必需的办公设备、办公用品及新机动车辆。

根据海关有关规定，只有在海关办理了注册备案后，常驻机构才能够申请进境公用物品。

> **海关提醒**：常驻机构可根据情况自主选择是否在海关办理备案手续。如本机构不准备进境公用物品，或者常驻代表不准备进境机动车辆，则无须办理备案。
>
> 常驻机构不同于外商投资企业。前者只是境外企业在华的派驻机构，而后者是境外企业直接投资，实行独立核算、自负盈亏的经济实体。

问题 2　海关对常驻机构进出境公用用品的数量、品种有什么规定？

😊 常驻机构可以向海关申请进境其机构开展业务所必需的办公设备、办公用品及机动车辆。"机动车辆"是指小轿车、越野车、9座及以下的小客车，且仅限进境新车。

常驻机构申请进出境公用物品应当以本机构自用、合理数量为限。常驻机构进境新机动车辆，海关按照该机构常驻人员的实际人数核定其进境车辆的总数。

问题 3　我所在的常驻机构如果想以机构的名义进口一些车辆和物品，如何办理？

😊 常驻机构因工作需要，可以向主管海关申请征税进境新机动车辆和公用物品，应当由本机构或其委托的报关企业向主管海关（指常驻机构所在地海关）提交书面申请。经主管海关审核批准后，进出境地海关凭主管海关的审批单证和其他相关单证予以验放。

对于常驻机构进境车辆和公用物品，海关按照《关税条例》的有关规定征收税款。根据政府间协定免税进境的常驻机构公用物品，海关依法免征税款。

> **海关提醒**：根据海关总署公告2010年第81号的要求，常驻机构办理公用物品和车辆进境申请手续时，还需进行电子数据的录入，并发送至主管海关。

问题 4　海关对常驻机构进境的新机动车辆具体数量有什么规定？

☺常驻机构进境新机动车辆，海关按照该机构常驻人员的实际人数核定其进境车辆的总数：

（1）常驻人员在 1 人以上 5 人以下的，进境车辆总数 1 辆；

（2）常驻人员在 6 人以上 10 人以下的，进境车辆总数不超过 2 辆；

（3）常驻人员在 11 人以上 20 人以下的，进境车辆总数不超过 3 辆；

（4）常驻人员在 21 人以上 30 人以下的，进境车辆总数不超过 4 辆；

（5）常驻人员在 31 人以上的，进境车辆总数不超过 6 辆。

也就是说，在常驻人员数量达到标准的前提下，常驻机构进境车辆最多为 6 辆。

问题 5　听说有些常驻机构进境的新机动车辆是免税的，请问是怎么回事呢？

☺少数常驻机构可以根据政府间免税协定进境新机动车辆，海关依法对其免征税款。

这类免税车辆属于海关监管车辆，监管期限为自海关放行之日起 6 年。未经海关批准，进境机动车辆在海关监管期限内不得擅自转让、出售、出租、抵押、质押或者进行其他处置，否则应当承担相应的法律责任。海关监管期限内的机动车辆因法院判决抵偿他人债务或者丢失、被盗的，机动车辆原所有人应当凭有关证明向海关申请办理新机动车辆解除监管手续，并依法补缴税款。

海关对此类机动车辆实行年审制度。常驻机构应当根据主管海关的公告，在规定时间内，将进境监管机动车辆驶至指定地点，持相关材料办理年审手续。年审合格后，主管海关会在监管车辆登记证上加盖年审印章。

经批准撤销的常驻机构，应当向主管海关办理海关监管机动车辆结案和其他有关手续。

问题 6　常驻机构的公用物品是否能够直接运出境，需不需要到海关办手续？

😊 常驻机构如果是将原进境的公用物品复运出境，需要持海关常驻机构备案证、海关进出境公用物品申请表等有关单证向主管海关提出申请，主管海关自接受申请之日起 3 个工作日内答复。其中，常驻机构申请将原进境机动车辆复运出境的，主管海关在审核批准后开具海关监管车辆领/销牌照通知书，常驻机构凭此向公安交通管理部门办理注销牌照手续。主管海关收到海关监管车辆领/销牌照通知书回执联后应将牌照注销情况在海关进出境公用物品申请表上批注。常驻机构在出境地海关办理公用物品报关手续时，应当填写出口货物报关单，并提交经主管海关批注的海关进出境公用物品申请表等相关单证。

如常驻机构申请办理出境的公用物品并非原进境的公用物品，则不需要到主管海关办理手续，只需要在出境地海关办理公用物品报关手续，填写出口货物报关单，并提交其他相关单证。

问题 7　我是一名进出口企业高层管理人员，想从国外运进一些生活物品，不知道海关有什么规定？

😊 首先海关会判断，您是否符合海关规定的非居民长期旅客身份。这里的"非居民长期旅客"，是指经公安部门批准进境并在境内连续居留 1 年以上（含 1 年），期满后仍回到境外定居地的外国公民、港澳台地区人员、华侨。

如果符合非居民长期旅客身份，旅客本人必须在进境时以填写"中华人民共和国海关进出境旅客行李物品申报单"，并以在"分离运输行李"栏前作出勾选的方式向口岸海关书面申报。分离运输行李物品运进时，旅客应持本人身份证件、有关申报单证、提货单证、物品清单等到物品进境地海关按照有关规定办理征免税验放手续。主管海关审核批准后，现场海关办理验放手续时，连同已经放行的行李物品合并计算免税额度。非居民长期旅客应当以个人自用、合理数量为限，进境自用物品。其中，非居民长期旅客中的"常驻人员"可以进境新机动车辆，每人限1辆，其他非居民长期旅客不得进境新机动车辆。

如果不符合上述身份，则只能通过邮快递渠道进境自用物品，对此，海关实行限值管理，每次限值为1000元人民币（来自港澳台的限800元）；如果超出规定限值的，应办理退运手续或者按照货物规定办理通关手续。但邮包内仅有一件物品且不可分割的，虽超出规定限值，经海关审核确属个人自用的，可以按照个人物品规定办理通关手续。

"常驻人员"是指非居民长期旅客中的下列人员：

（1）境外企业、新闻机构、经贸机构、文化团体及其他境外法人经中华人民共和国政府主管部门批准，在境内设立的并在海关备案的常设机构内的工作人员；

（2）在海关注册登记的外商投资企业内的人员；

（3）入境长期工作的专家。

问题8　非居民长期旅客申请进境的物品是否都可以享受免税政策

呢?

☺ 不是全部免税。海关对除高层次人才以外的非居民长期旅客,会视其是否首次申请及申请进口的品种来判定是否需要征税。

非居民长期旅客首次申请进境的自用物品海关予以免税,但海关准予进境的新机动车辆和国家规定应当征税的 20 种商品除外。非居民长期旅客再次申请进境的自用物品,一律予以征税。

> **海关提醒**:国家规定应当征税的 20 种商品是指电视机、摄像机、录像机、放像机、音响设备、空调器、电冰箱(柜)、洗衣机、照相机、复印机、程控电话交换机、微型计算机、电话机、无线寻呼系统、传真机、电子计算器、打印机及文字处理机、家具、灯具和餐料。
>
> "高层次人才"是指由人事部、教育部或者其授权部门认定的高层次留学人才和海外科技专家。海关对此类人群进境的科研、教学和自用物品数量、品种和验放标准另有规定。

问题 9 非居民长期旅客办理自用物品和车辆的进境手续主要有哪些?

☺ 非居民长期旅客办理自用物品和车辆的进境手续包括四个环节:申请—报关—登记—复申请。

(1)申请:非居民长期旅客申请进境自用物品,应当向主管海关(该旅客工作所在地海关)交验下列单证:身份证件,长期居留证件,海关进出境自用物品申请表,提(运)单、装箱单等相关单证。主管海关自接受申请之日起 3 个工作日内答复。

专家以外的常驻人员申请进境新机动车辆时,除交验前款规定的单证外,还应当提交身份证件及长期居留证件的复印件,交验所在常驻机构的海关常驻机构备案证或者所在外商投资企业的自理报关单位注册登记证明书,主管海关自接受申请之日起 5 个工作日内答复。

（2）报关：非居民长期旅客在物品进境地海关办理自用物品报关手续时，应当由本人或其委托的报关企业提交经主管海关审批的海关进出境自用物品申请表，并交验提（运）单、装箱单等相关单证。

（3）登记：常驻人员进境机动车辆，应当自海关放行之日起10个工作日内，向主管海关申领海关监管车辆领/销牌照通知书，办理机动车辆牌照申领手续。其中，免税进境的机动车辆，常驻人员还应当自取得海关监管车辆领/销牌照通知书之日起10个工作日内，持公安交通管理部门颁发的机动车辆行驶证向主管海关申领海关监管车辆登记证。

（4）复申请：进境新机动车辆因事故、不可抗力等原因遭受严重损毁或因损耗、超过使用年限等原因丧失使用价值，经报废处理后，常驻人员凭公安交通管理部门出具的机动车辆注销证明，经主管海关同意办理机动车辆结案手续后，可重新申请进境机动车辆1辆。

进境新机动车辆有丢失、被盗、转让或出售给他人、超出监管期限等情形的，常驻人员不得重新申请进境机动车辆。

问题10　外资企业的外籍工作人员因需要在国内长期工作，是否可以从国外带进自用汽车？如何带进？

😊 外资企业中符合海关总署令第194号规定的常驻人员，可以带进1辆新机动车辆（指摩托车、小轿车、越野车、9座及以下的小客车），需向主管海关提交书面申请、身份证件、长期居留证件、中华人民共和国海关进出境自用物品申请表、提（运）单、装箱单，以及所在常驻机构的海关常驻机构备案证或者所在外商投资企业的报关注册登记证书。经主管海关审核批准后，进出境地海关凭主管海关的审批单证和其他相关单证予以征税验放。

在外资企业工作的人员如符合海关总署令第154号规定的高层次人才标准，可以运进自用机动车辆1辆（限小轿车、越野车、9座及以下的小客车，不限新旧），应当填写海关进出境自用物品申请表，并提交人事部、教育部或者其授权部门出具的高层次人才身份证明、本人有效入出境身份证件、境内长期居留证件或者回国（来华）定居专家证，由本人或者委托他人向主管海关提出书面申请。经主管海关审核批准后，进境地海关凭主管海关的审批单证和其他相关单证予以征税验放。

问题11　常驻人员进境的自用车辆可随意出售或转让吗？

☺常驻人员征税进境的机动车辆，自向公安交通管理部门办结车辆登记手续之日起1年之内不得出售或转让，1年后，方可到主管海关办理解除车辆监管手续，凭此办理车辆转让过户。

根据政府间协定，少数常驻人员免税进境的机动车辆属于海关监管机动车辆，主管海关对其实施后续监管和年审制度，监管期限为自海关放行之日起6年。未经海关批准，进境机动车辆在海关监管期限内不得擅自转让、出售、出租、抵押、质押或者进行其他处置。非居民长期旅客未按照规定向海关办理监管机动车辆年审手续，擅自转让、出售监管机动车辆，或者有其他走私、违反海关监管规定行为的，海关依照《海关法》、《海关行政处罚实施条例》予以处罚；构成犯罪的，依法追究刑事责任。

常驻人员任期届满后，经主管海关批准，可以按规定将监管机动车辆转让给其他常驻人员或者常驻机构，或者出售给特许经营单位。受让方的机动车辆进境指标相应扣减。新机动车辆受让方同样享有免税进境机动车辆权利的，受让机动车辆予以免税，受让方主管海关在该机动车辆的剩余监管年限内实施后续监管。

海关监管期限内的机动车辆因法院判决抵偿他人债务或者丢失、被盗的，机动车辆原所有人应当凭有关证明向海关申请办理机动车辆解除监管手续，并依法补缴税款。

问题 12　非居民长期旅客如何办理自用物品的出境手续？

😊 非居民长期旅客任期结束回国时，其携带或以分离运输方式出境的行李物品，除国家禁止出境的物品外，属于自用合理数量的均予免税放行。其中，国家限制出口的物品，应提交国家有关主管部门的许可证件。

非居民长期旅客将原进境的自用物品复运出境，应当持身份证件、长期居留证件、原进境海关进出境自用物品申请表等有关单证向主管海关提出申请，主管海关自接受申请之日起 3 个工作日内答复。其中，常驻人员申请将原进境机动车辆复运出境的，主管海关在审核批准后开具海关监管车辆领/销牌照通知书，常驻人员凭此向公安交通管理部门办理注销牌照手续。主管海关收到海关监管车辆领/销牌照通知书回执联后应将牌照注销情况在海关进出境自用物品申请表上批注。

非居民长期旅客将非原进境的自用物品携运出境时，无须主管海关审批，直接到物品通关的口岸海关办理手续。

海关提醒：非居民长期旅客应当妥善保管行李进境时经主管海关批注的中华人民共和国海关进出境自用物品申请表等相关单证，以备出境时办理相关手续使用。

问题 13　我公司老总已返回本国之后，又想把留在中国境内之前购买的一些家具运回国，是否也可以按照分离运输行李的方式办理出境手续？

😊 以分离运输方式运出的行李物品，应由物品所有人持有效的出境证件在出境前办妥海关手续。因此，当事人应当在出境前办妥分离运输相关手续，当事人已回国的，不符合分离运输行李办理的条件，不能办理关封将物品托运出境。

问题 14　办理进出境手续时，旅客应如何配合海关实施查验？

😊 进出境旅客必须将所带的全部行李物品交海关查验。查验进出境旅客行李物品的时间和场所，由海关指定。海关查验行李物品时，物品所有人应当到场并负责搬移物品、开拆和重封物品的包装。海关认为必要时，可以单独进行查验。海关对进出境行李物品加施的封志，任何人不得擅自开启或者损毁。

> **海关提醒**：出境时，旅客申报出境的物品如有需办理托运手续的，应当在办理托运手续前向海关进行申报。

问题 15　作为企业高管，我经常出国，在通过海关旅检现场时，应当如何进行规范的申报呢？

😊 进出境旅客首先应进行红绿通道选择。携带按规定应申报的物品，和不明海关规定或不知如何选择通道的旅客，均应选择"申报通道"（又称"红色通道"）通关。没有携带应向海关申报物品的，则无须填写申报单，直接选择"无申报通道"（又称"绿色通道"）通关。

其次就是书面申报。除海关免于监管的人员及随同成人旅行的16周岁以下旅客以外，进出境旅客携带有应向海关申报物品的，应在口岸进出境通道内海关专门设立的申报台前，如实填写海关进出境旅客行李物品申报单或海关规定的其他申报单证，并向海关递交。

旅客申报时应注意，申报单证应由旅客本人填写，同时主动出示本人的有效进出境旅行证件和身份证件，并交验中华人民共和国有关主管部门签发的准许有关物品进出境的证明、商业单证及其他必备文件。如委托他人办理申报手续，应由本人在申报单证上签字。接受委托办理申报手续的代理人应当遵守本规定对其委托的各项规定，并承担相应的法律责任。

> **海关提醒**：书面申报是唯一有效的申报方式，进出境旅客对其携运的物品以其他任何方式或在其他任何时间地点所作出的申明，海关均不视为申报。
>
> 经海关办理手续并签章交由旅客收执的申报单或专用申报单证，在有效期内或在海关监管时限内，旅客应妥善保存，并在申请提取分离运输行李物品或购买、免税外汇商品等其他有关手续时，主动向海关出示。

问题 16　旅客进境时携带哪些物品必须向海关申报？

进境旅客携带有下列物品的，应当向海关书面申报，即在申报单相应栏目前作出勾选，并将有关物品交海关验核，办理有关手续：

（1）动、植物及其制品、微生物、生物制品、人体组织、血液制品；

（2）居民旅客在境外获取的总值超过人民币5000元（含5000元，下同）的自用物品；

（3）非居民旅客拟留在中国境内的总值超过2000元的物品；

（4）酒精饮料超过1500毫升（酒精含量12度以上），或香烟超过400支，或雪茄超过100支，或烟丝超过500克；

（5）人民币现钞超过20000元，或外币现钞折合超过5000美元；

（6）分离运输行李，货物、货样、广告品；

（7）其他需要向海关申报的物品。

> **海关提醒**：符合规定的进境旅客如有分离运输行李运进，在旅客进境时必须填写申报单，并在"分离运输行李"栏前作出勾选，交旅客通关现场海关验核盖章。在办理分离运输行李运进海关通关手续时必须出示上述单证。

问题17　旅客出境时携带哪些物品必须向海关申报？

☺ 出境旅客携带有下列物品的，应当向海关书面申报，即在申报单相应栏目前作出勾选，并将有关物品交海关验核，办理有关手续：

（1）文物、濒危动植物及其制品、生物物种资源、金银等贵重金属；

（2）居民旅客需复带进境的单价超过5000元（含5000元，下同）的照相机、摄像机、手提电脑等旅行自用物品；

（3）人民币现钞超过20000元，或外币现钞折合超过5000美元；

（4）货物、货样、广告品；

（5）其他需要向海关申报的物品。

> **海关提醒**：出境旅客应当主动对行李物品进行申报，以证明其为境内获取携带出境而非境外购买，这样可以避免复入境通关时遇到不必要的麻烦。

问题18　我在国外出差，买了些烟酒回国，请问在进境时有没有数量限制呢？

☺ 烟酒属于国家规定的限制进境物品，海关对其进境有明确数量限制。具体规定为：

（1）来往于港澳地区的旅客15日内首次进境，携带香烟的免税限量为200支（一条），或雪茄50支，或烟丝250克，酒精含量12度以上酒的免税限量为1瓶（0.75升以下）；

（2）从其他地区进境的旅客15日内首次进境，携带香烟的免税限量为400支（两条），或雪茄100支，或烟丝500克，酒精含量12度以上的免税限量为 2 瓶（合计 1.5 升以下）。

问题 19　海关对旅客携带人民币现钞进出境如何验放？

☺ 中国公民出入境、外国人入出境每人每次携带人民币的限额为 20000 元（含 20000 元）。

携带上述限额以内的人民币进出境时，无须向海关申报；超出限额的，应选择"申报通道"向海关办理书面申报手续，海关会为旅客办理退运手续；如不按规定申报的，根据《海关行政处罚实施条例》有关规定，海关将予以处罚。

问题 20　海关对旅客携带外币现钞出境有什么规定？

☺ 出境人员携带外币现钞出境，未超过其最近一次进境时申报外币现钞数额的，不需申领携带外汇出境许可证（以下简称携带证），海关凭其最近一次进境时的外币现钞申报数额记录验放。

对于除当天或短期内多次往返者以外的出境人员携带外币现钞出境，超出最近一次入境申报外币现钞数额记录的，海关按以下规定验放：

（1）出境人员携带不超过等值 5000 美元（含 5000 美元）的外币现钞出境的，无须申领携带证，海关予以放行。

（2）出境人员携出金额在等值 5000 美元以上 10000 美元（含 10000 美元）以下的，应当向银行申领携带证。出境时，海关凭加盖银行印章的携带证验放。对使用多张携带证的，若加盖银行印章的携带证累计总额超过等值 10000 美元，海关不予放行。

（3）出境人员携出金额在等值 10000 美元以上的，应当向存款或购汇银行所在地国家外汇管理局各分支局申领携带证，海关凭加盖外汇局印章的携带证验放。

> **海关提醒**：进境旅客携带外币现钞折合超过 5000 美元的，须申报后入境。

问题 21　海关对"当天多次往返"及"短期内多次往返"的出入境人员携带外币现钞出入境如何验放？

☺ 当天多次往返的出入境人员，携带外币现钞入境须向海关书面申报，出境时海关凭最近一次入境时的申报外币现钞数额记录验放。没有或超出最近一次入境申报外币现钞数额记录的，当天内首次出境时可携带不超过等值 5000 美元（含 5000 美元）的外币现钞出境，不需申领携带证，海关予以放行；携出金额在等值 5000 美元以上的，海关不予放行；当天内第二次及以上出境时，可携带不超过等值 500 美元（含 500 美元）的外币现钞出境，不需申领携带证，海关予以放行，携出金额超过等值 500 美元的，海关不予放行。

短期内多次往返的出入境人员，携带外币现钞入境须向海关书面申报，出境时海关凭最近一次入境时的申报外币现钞数额记录验放。没有或超出最近一次入境申报外币现钞数额记录的，15 天内首次出境时可携带不超过等值 5000 美元（含 5000 美元）的外币现钞出境，不需申领携带证，海关予以放行，携出金额在等值 5000 美元以上的，海关不予放行；15 天内第二次及以上出境时，可携带不超过等值 1000 美元（含 1000 美元）的外币现钞出境，不需申领携带证，海关予以放行，携出金额超过等值 1000 美元的，海关不予放行。

问题 22　除禁止和限制进出境物品外，海关对行李物品有没有其他数量、价值方面的限制？

☺ 进出境旅客的行李物品，应以自用、合理数量为限，超出自用、合理数量范围的，不准进境或出境。

海关按"自用、合理数量"原则，对不同类型的旅客规定和公告了可携运行李物品的品种范围、征免税限值限量。

其中，"自用"是指旅客本人自用、馈赠亲友而非为出售或出租；"合理数量"指海关根据旅客旅行目的和居留时间所规定的正常数量。

海关提醒：自用、合理数量是海关验放物品的基本原则，也是区分货物和物品性质的重要标准。

问题 23　海关对个人邮递进出境物品有什么管理规定？

☺ 个人邮递进出境的物品，应当以自用、合理数量原则为限，并不得超过一定的限值。

对个人邮寄进境的物品，海关依法征收进口税，但应征进口税税额在人民币 50 元（含 50 元）以下的，海关予以免征。

个人寄自或寄往港澳台地区的物品，每次限值为人民币 800 元；寄自或寄往其他国家和地区的物品，每次限值为人民币 1000 元。

个人邮寄进出境物品超出规定限值的，应办理退运手续或者按照货物规定办理通关手续。但邮包内仅有一件物品且不可分割的，虽超出规定限值，经海关审核确属个人自用的，可以按照个人物品规定办理通关手续。

邮运进出口的商业性邮件，应按照货物规定办理通关手续。

问题 24　邮递或快件渠道的个人物品，有哪些禁止或限制进出境规定？

☺ 国家公布的《中华人民共和国禁止进出境物品表》中所列物品，个人不准通过邮寄或从快件渠道进出境。

国家公布的《中华人民共和国限制进出境物品表》中所列物品，个人通过邮寄或从快件渠道进出境时应提交国家主管部门的批准文件。

除此之外，以下物品也禁止或限制邮寄进出境：

（1）旧衣着和旧的床上用品不准寄进。

（2）血液制品（除人血清蛋白以外），原则上禁止邮递进口。特殊情况可凭国家食品药品监督管理总局的批件予以放行。

（3）严禁进出口犀牛角和虎骨（包括任何可辨认部分和含其成分的药品、工艺品等）。

（4）邮递进口的药用羚羊角，个人自用一次限进口50克。超出部分海关凭国家濒危物种进出口管理办公室的批件征税放行。

（5）个人邮寄中药材、中成药的，寄至港澳地区的，总值限人民币100元内，寄至国外的，总值限人民币200元。

（6）麝香、蟾酥不得邮寄出境。

问题25　海关对应税的进境物品征收的是什么税？与货物税有何不同？

根据《关税条例》，海关按照以下原则对进境物品征收进口税：

（1）对个人进口的应税的汽车、摩托车及其配件、附件，海关按《税则》及其他有关税法、规定征收进口税，也称货物税，其包括进口关税、进口环节增值税、消费税等。

（2）对准许进境的自用、合理数量范围内的旅客行李物品、个人邮递物品，以及其他个人自用物品，海关按《中华人民共和国进境物品进口税率表》征收进口税，也称行邮税，其是进口关税和进口环节增值税、消费税的合并税。

（3）对超出自用、合理数量的个人进境物品，海关按照进口货物依法办理相关手续，征收货物税。

海关提醒：目前，行邮税只针对进境物品，出境物品不征行邮税。

问题 26　海关对行邮税是如何计算的？

😊 行邮税税额以人民币从价计征，起征点为人民币 50 元，税额不足 50 元的，不予征税。

计算公式：行邮税 = 完税价格 × 税率

目前，进口行邮税税率有 10%、20%、30% 和 50% 四档。

应税个人自用物品由海关按照填发税款缴纳证当日有效的税率和完税价格计征进口税。

问题 27　我携带进境的物品需要征收行邮税时，为什么不能按照我实际购买价格征税呢？

😊 物品完税价格与实际购买价格之间有可能存在差异，这是为保证通关的便捷和征税的简化。根据相关规定，对于《中华人民共和国进境物品完税价格表》中列明物品完税价格的，海关以该表中列明的价格为完税价格计征进口税。当您的实际购买价格低于列明价格的 1/2，或者超过 2 倍时，如您能提供销售方依法开具的真实交易的发票或者收据，并承担相关责任，海关可以根据您提供的凭证，依法确定应税物品的完税价格。

问题 28　行邮税有无交纳期限？

😊 纳税义务人应当在海关放行应税个人自用物品之前缴纳税款。

> **海关提醒**：这里的进境物品的纳税义务人，是指携带物品进境的入境人员、进境邮递物品的收件人，以及以其他方式进口物品的收件人。

问题29　我的自用物品放行后，发现征错了税款怎么办啊？

😊 纳税义务人可自缴纳税款之日起1年内，要求海关退还经其确认多征的税款。

应税个人自用物品放行后，海关发现少征税款，自开出税款缴纳证之日起1年内，可向纳税义务人补征；海关发现漏征税款，自物品放行之日起1年内，向纳税义务人补征。因纳税义务人违反规定而造成的少征或者漏征，海关可自违反规定行为发生之日起3年以内向纳税义务人追征。

问题30　对携带自用的书籍进出境，海关有何监管规定？

😊 个人携带和邮寄印刷品和音像制品进出境，应向海关申报，接受海关监管。对无违禁内容的个人自用进境印刷品及音像制品，海关的监管规定为：

验放标准（每人每次）	免税验放	按物品征税	按货物报关
单行本发行的图书、报纸、期刊类出版物 单位：册（份）	10	11~50	> 50
单碟（盘）发行的音像制品 单位：盘	20	21~100	> 100
成套发行的图书类出版物或音像制品 单位：套	3	4~10	> 10
其他构成货物特征的			√

> **海关提醒**:"按物品征税"是指海关对超出免税规定数量的部分予以征税放行;"按货物报关"是指海关对全部进境印刷品和音像制品按照进口货物依法办理相关手续。

问题 31　含有哪些内容的印刷品和音像制品,海关不允许进出境?

根据《中华人民共和国海关进出境印刷品及音像制品监管办法》及其他有关法律、行政法规的规定,载有下列内容之一的印刷品及音像制品,禁止进境:

(1)反对宪法确定的基本原则的;

(2)危害国家统一、主权和领土完整的;

(3)危害国家安全或者损害国家荣誉和利益的;

(4)攻击中国共产党,诋毁中华人民共和国政府的;

(5)煽动民族仇恨、民族歧视,破坏民族团结,或者侵害民族风俗、习惯的;

(6)宣扬邪教、迷信的;

(7)扰乱社会秩序,破坏社会稳定的;

(8)宣扬淫秽、赌博、暴力或者教唆犯罪的;

(9)侮辱或者诽谤他人,侵害他人合法权益的;

(10)危害社会公德或者民族优秀文化传统的;

(11)国家主管部门认定禁止进境的;

(12)法律、行政法规和国家规定禁止的其他内容。

载有下列内容之一的印刷品及音像制品,禁止出境:

(1)载有上述禁止进境内容的;

(2)涉及国家秘密的;

（3）国家主管部门认定禁止出境的。

案例分析

案例1 李某某违规携带象牙制品入境被处罚案

【简况】2005年1月7日，当事人李某某乘坐KA810航班从南京禄口国际机场入关进境，在其随身行李中携带象牙制品4件（象牙制烟嘴1个、印章2枚、头梳1把），未向海关申报，在入境检查时被海关人员查获并当场扣留。李某某称其在境外购买时并不明知其为象牙制品。经查，李某某在携带该象牙制品入境时未以伪装、藏匿等方式逃避海关监管。

经鉴定，上述象牙制品总重量300.74克，价值人民币12530.9元。2005年12月，海关认定李某某非法携带国家禁止进出境的物品进境构成违规，对其作出没收涉案象牙制品的行政处罚。

【法律提示】国家对象牙制品的进出境实行禁止性管理。境外取得的象牙制品，一律不得带入境内。

象牙制品属于濒危野生动植物制品，我国于1981年4月加入《濒危野生动植物种国际贸易公约》（CITES），该公约旨在保护濒危野生动植物。我国根据该公约的要求，明令禁止象牙及其制品的进出境。

确因科学研究、文化交流等特殊情况，需要进口或者出口象牙及其制品的，应当经国家濒危物种进出口管理办公室批准并出具证明书，海关凭有效的批准文件验放。但上述证明书管控极其严格，一般个人申请都不可能获得批准。

在非洲一些国家，象牙及其制品的交易不受限制，游客可以自由购买。但是，即使是在境外合法取得了象牙及其制品，在归国入境时仍然要遵守中国法律的规定，不得将象牙及其制品携带入境。

非法携带象牙制品入境，将受到严厉处罚，承担携带象牙制品入境未申报违规的法律责任。

携带国家禁止进出境的物品进出境，未向海关申报但没有以藏匿、伪装等方式逃避海关监管的，海关予以没收，或者责令退回，或者在海关监管下予以销毁或者进行技术处理。因此，携带象牙制品入境未向海关申报，象牙制品将被海关没收。

以运输、邮寄等方式将象牙制品运输、携带进出境并且未向海关申报的，象牙制品同样要被没收。

如果以藏匿、伪装等方式逃避海关监管，运输、携带、邮寄象牙制品进出境，将构成性质更为恶劣的走私行为，情节严重的，还可能构成走私犯罪。

> **海关提醒**：目前涉及最多的主要有非洲象牙和亚洲象牙，其中以非洲象牙居多，无论是原牙还是经过加工、雕刻的整牙，还是其他象牙制品均属于禁止进出境的物品。
>
> 即使是含有部分甚至少量象牙质的工艺品、文物等物品，其中的象牙质部分仍然禁止进出境。
>
> 走私象牙及其制品的，象牙及其制品的价值是定罪量刑的重要依据。价值的计算不以实际购买的价格为准，而是按以下规定确定：一根未加工象牙的价值为25万元；由整根象牙雕刻而成的一件象牙制品，应视为一根象牙，其价值为25万元；由一根象牙切割成数段象牙块或者雕刻成数件象牙制品的，这些象牙块或者象牙制品总合，也应视为一根象牙，其价值为25万元；对于无法确定是否属一根象牙切割或者雕刻成的象牙块或象牙制品，应根据其重量来核定，单价为41667元/千克。按上述价值标准核定的象牙及其制品价格低于实际销售价的按实际销售价格执行。

案例2　带着自己的钱出入境，海关也要"管"

【简况】2011年2月17日，当事人郭某随身携带港币现钞800000元从澳门乘坐 NX128 次航班自南京禄口国际机场入关进境，未向海关申报，被海关关员现场查验时查获。经核定，当事人携带进境的港币现钞约合美元 102723.4 元，折合人民币 675920 元。2011 年 5 月，海关认定当事人携带超量外币现钞入境未申报构成违规，对其作出给予警告，并科处罚款人民币 7000 元整的行政处罚。

【法律提示】国家对进出境人员携带外币现钞进出境实行限额管理：

（1）进境携带外币没有限额，但超过等值 5000 美元（含 5000 美元）的外币现钞应当在海关查验（过 X 光机）前主动向海关书面申报，并选择旅客红色通道，同时保管好相关单证供回国出境时使用。

（2）非短期内多次往返和当天多次往返的进出境人员出境携带外币现钞，海关凭其最近一次入境时申报的外币现钞数额记录验放，没有或超出最近一次入境申报外币现钞数额记录的，按以下规定验放：携带金额在等值 5000 美元（含 5000 美元）以内的，海关直接予以放行；超过等值 5000 美元以上 10000 美元（含 10000 美元）以下的，应向外汇指定银行或外汇管理部门申领携带证，海关凭加盖外汇指定银行印章的携带证验放；若加盖银行印章的携带证超过等值 10000 美元，海关不予放行；携带金额在等值 10000 美元以上的，应当向存款或购汇银行所在的国家外汇管理局各分支局申领携带证，海关凭加盖外汇局印章的携带证验放。

（3）进出境人员携带人民币现钞的限额为 20000 元。超过该限额的，一律不予放行。

超量携带货币现钞进出境应承担的法律责任如下：

（1）携带超额外币现钞入境未向海关申报的，外币予以扣留，由海关予以行政处罚（警告，并处超额部分等值人民币不低于 1% 的罚款），在当事人履行完毕行政处罚手续后，外币现钞予以解扣发还（准予进境）。

（2）携带超额外币现钞出境不能提交携带证的，外币予以扣留（不予放行），由海关予以行政处罚（警告，并处超额部分等值人民币不低于10%的罚款），在当事人履行完毕行政处罚手续后，外币现钞予以解扣发还（退回）。

（3）携带超额人民币现钞出入境的，人民币予以扣留（不予放行），由海关予以行政处罚（警告，并处超额部分不低于10%的罚款），在当事人履行完毕行政处罚手续后，人民币现钞予以解扣，出境的予以退回，进境的责令复带出境。

海关提醒：携带的外币一定要是中国境内银行对外挂牌收兑的可自由兑换货币，限额为等值5000美元。如果是美元以外的其他外币如港币、日元或者欧元等，要按照中国人民银行（或者中国银行）公布的当天外汇牌价换算成美元。

如果进境时携带外币如实向海关申报的，在最近一次出境时，如果携带出境的外币数额不超过进境时所申报的携带数量的，可以不需要申领携带证，海关凭其最近一次入境时的外币现钞申报数额记录验放。

携带的货币现钞必须是携带者为旅行或者购物自用，如果是属于货款、为他人携带的其他款项，按照货物的规定办理（由中国人民银行指定专门机构办理，提交专门证件办理）。

"一天多次往返"或者"短期内多次往返"的出入境人员携带外币现钞入出境的，适用特殊的管理规定。

进出境人员同时携带外币和人民币现钞的，按照上述标准执行，即可以同时携带外币和人民币现钞进出境，二者分别计算、不累加。

组团或结伴出入境的，只以携带者本人核算，不按照同行或团队人数平均。

在明知国家关于货币现钞进出境管理规定的情况下，采取伪装、藏匿、夹藏、伪报等方式逃避海关监管携带超额外币出境和人民币进出境的，构成走私，按走私处理。

案例3　跨境送礼莫涉"枪"

【简况】定居境外的王某于2009年5月2日在香港购买了一支仿真手枪用于馈赠给其境内的舅舅朱某，店方承诺该仿真枪可以入境并应允代为将该仿真手枪邮寄入境，于是王某留下了朱某的姓名和地址作为收件人和收件地址。2009年5月5日，香港商店依约将王某购买的仿真手枪邮寄入境，收件人填写为"朱某先生"，邮寄物品填写为"TOY GUN"（玩具枪），被海关查获。

经鉴定，上涉邮件中的物品是一支仿真枪，属于国家明令禁止进境的物品。2009年8月，海关依法对该支仿真枪予以收缴。

【法律提示】国家对仿真武器的进出境实行禁止性管理。具有高仿真度，也具备一定的杀伤力并极易对人体造成伤害的"玩具枪"，已经不再是普通的玩具，属于仿真枪。国家对包括仿真枪在内的各种仿真武器均实行严格的管制，禁止擅自持有、买卖和进出境。仿真武器的零部件等散件同样禁止进出境，成套散件以相应数量的枪支计算，非成套散件每30件视为一套枪支散件计算。

运输、携带、邮寄仿真枪或其他仿真武器入境的，应承担如下法律责任：

（1）境内收货（件）人不知情的，或者收、发货（件）人无法查清的，由海关予以收缴。

（2）未向海关申报但没有以藏匿、伪装等方式逃避海关监管的，构成违规，由海关予以没收，或者进行技术处理或者责令退回。

（3）如果明知系仿真武器但仍以藏匿、伪装等方式逃避海关监管的，构成走私行为，由海关予以没收并处罚款；情节严重构成犯罪的，依法追究刑事责任。

法规索引

1.《海关法》(主席令第 35 号,2014 年修订)

2.《关税条例》(国务院令第 392 号,2003 年发布)

3.《中华人民共和国海关对进出境旅客行李物品监管办法》(海关总署令第 9 号,1989 年发布)

4.《中华人民共和国海关对中国籍旅客进出境行李物品的管理规定》(海关总署令第 58 号,1996 年发布)

5.《中华人民共和国海关对常驻机构进出境公用物品监管办法》(海关总署令第 193 号,2010 年修订)

6.《中华人民共和国海关对非居民长期旅客进出境自用物品监管办法》(海关总署令第 194 号,2010 年修订)

7.《海关总署关于简化和规范进出境旅客申报制度改革有关问题的公告》(海关总署公告 2007 年第 72 号)

8. 海关总署公告 2012 年第 15 号

9.《携带外币现钞出入境管理暂行办法》(汇发〔2003〕102 号)

10. 海关总署公告 2010 年第 43 号

知识产权保护篇

概　述

知识产权海关保护，又称知识产权边境措施，是指海关对与进出口货物有关并受国家法律、行政法规保护的商标专用权、著作权和与著作权有关的权利、专利权实施的保护。

海关依法履行职责，在边境制止侵犯受国家法律、行政法规保护的知识产权的货物进境或者出境。由于海关是国家进出境的监督管理机关，有能力对进出口货物实施有效的控制，遏制国际贸易领域侵权假冒活动，世界各国在加强对知识产权的司法保护的同时，也越来越重视海关在制止和防止侵权货物进出境方面的重要作用。

法规摘编

● 违反本法规定进出口侵犯中华人民共和国法律、行政法规保护的知识产权的货物的，由海关依法没收侵权货物，并处以罚款；构成犯罪的，依法追究刑事责任。

——《海关法》（主席令第 35 号）第九十一条

● 被扣留的侵权嫌疑货物，经海关调查认定侵犯知识产权的，由海关予以没收。

——《中华人民共和国知识产权海关保护条例》（以下简称《知识产权

海关保护条例》)(根据国务院令第 572 号修订)第二十七条

● 个人携带或者邮寄进出境的物品,超出自用、合理数量,并侵犯本条例第二条规定的知识产权的,按照侵权货物处理。

——《知识产权海关保护条例》(根据国务院令第 572 号修订)第三十一条

● 进出口侵犯中华人民共和国法律、行政法规保护的知识产权的货物的,没收侵权货物,并处货物价值 30% 以下罚款;构成犯罪的,依法追究刑事责任。

需要向海关申报知识产权状况,进出口货物收发货人及其代理人未按照规定向海关如实申报有关知识产权状况,或者未提交合法使用有关知识产权的证明文件的,可以处 5 万元以下罚款。

——《海关行政处罚实施条例》(国务院令第 420 号)第二十五条

重点问题

问题 1　什么是知识产权海关保护?

☺ 知识产权海关保护,指海关根据国家法律法规,在进出口环节采取的保护知识产权的执法措施。中国海关可以采取的知识产权保护措施包括:扣留即将进出口的侵权嫌疑货物、对侵权嫌疑货物进行调查处理、对进出口侵权货物的收发货人给予行政处罚和向公安机关移送涉嫌犯罪的案件等。

问题2　我们公司为什么要向海关申请知识产权保护？

😊 向海关申请知识产权保护，对一个公司而言，有三大好处：

（1）海关可以帮助扣留别的公司进出口的侵犯知识产权的货物，使得这些侵权商品不能进入流通渠道，避免或者减轻对权利人产生的侵权损害。

（2）海关可以没收侵权货物，同时对进出口侵权货物的收发货人给予行政处罚，情节严重的还可以将犯罪嫌疑人移送司法机关追究刑事责任，这样可以对故意生产、销售和进出口侵权货物的违法分子产生强大的惩戒和威慑力，使得违法分子引以为戒，在今后的生产经营活动中自觉地尊重他人的知识产权。

（3）海关查获进出口侵权货物的整个过程，均为权利人采取进一步法律行动提供了所必需的证据，这些证据可以直接提供给人民法院或其他知识产权行政主管部门，从而更加迅速和准确地处理侵权纠纷。

问题3　目前哪一种知识产权海关保护执法模式适合我们公司？

😊 知识产权海关保护分为依职权保护和依申请保护两种不同的执法模式，存在较大差异。

依职权保护执法模式具有以备案为前提、权利人提交的担保金金额较少、海关对侵权嫌疑货物进行调查认定等特点。

依申请保护执法模式具有无须备案、权利人提交与货物等值的担保金、海关对侵权嫌疑货物不进行调查认定等特点。

相比之下，依职权保护执法模式更加适合权利人公司，但是需要提前向海关总署办理备案手续。在尚未办理备案手续又遇到被侵权的紧急情况下，权利人公司可以采取依申请保护执法模式。

第三部分　基本规定
知识产权保护篇

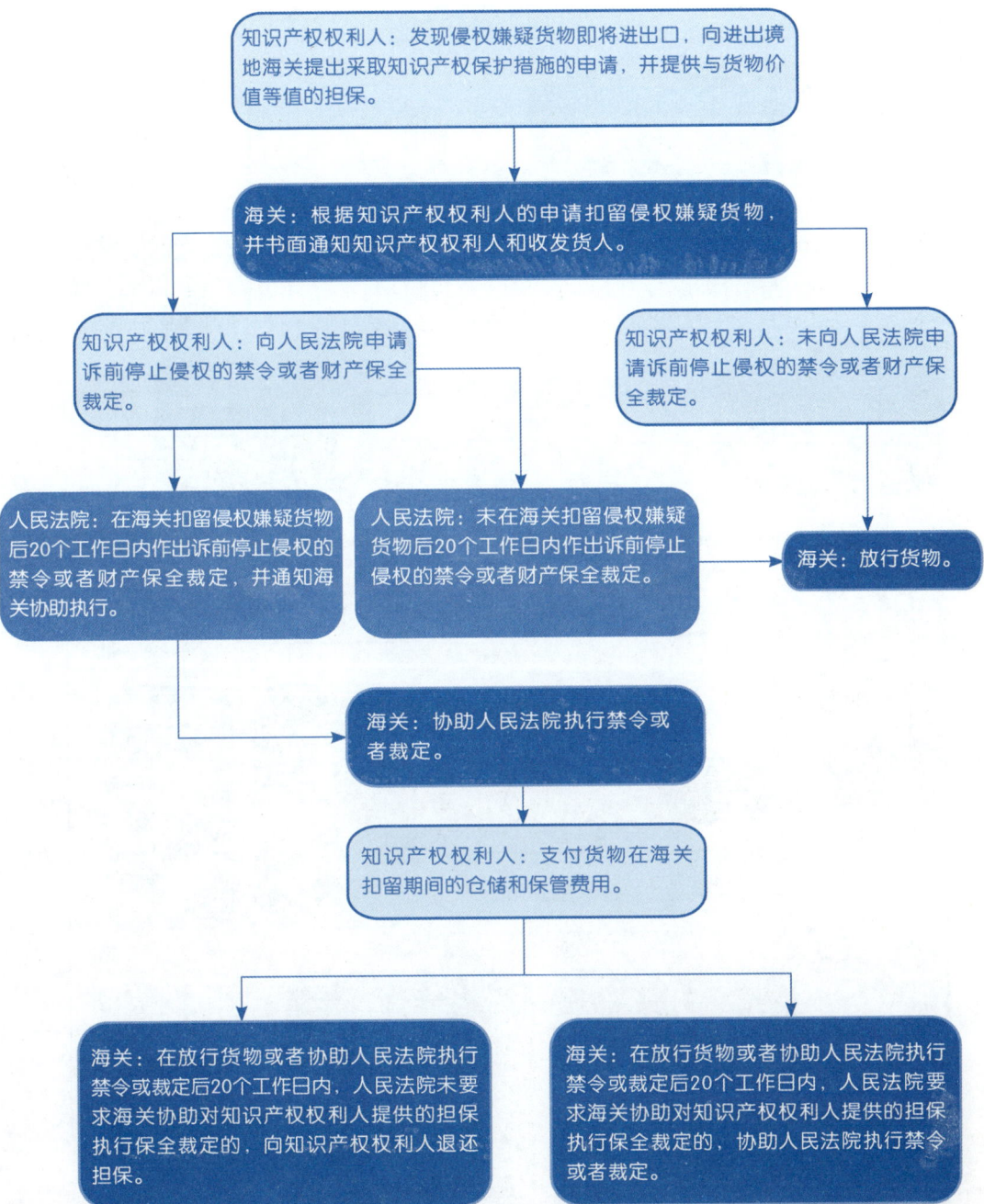

依职权保护程序

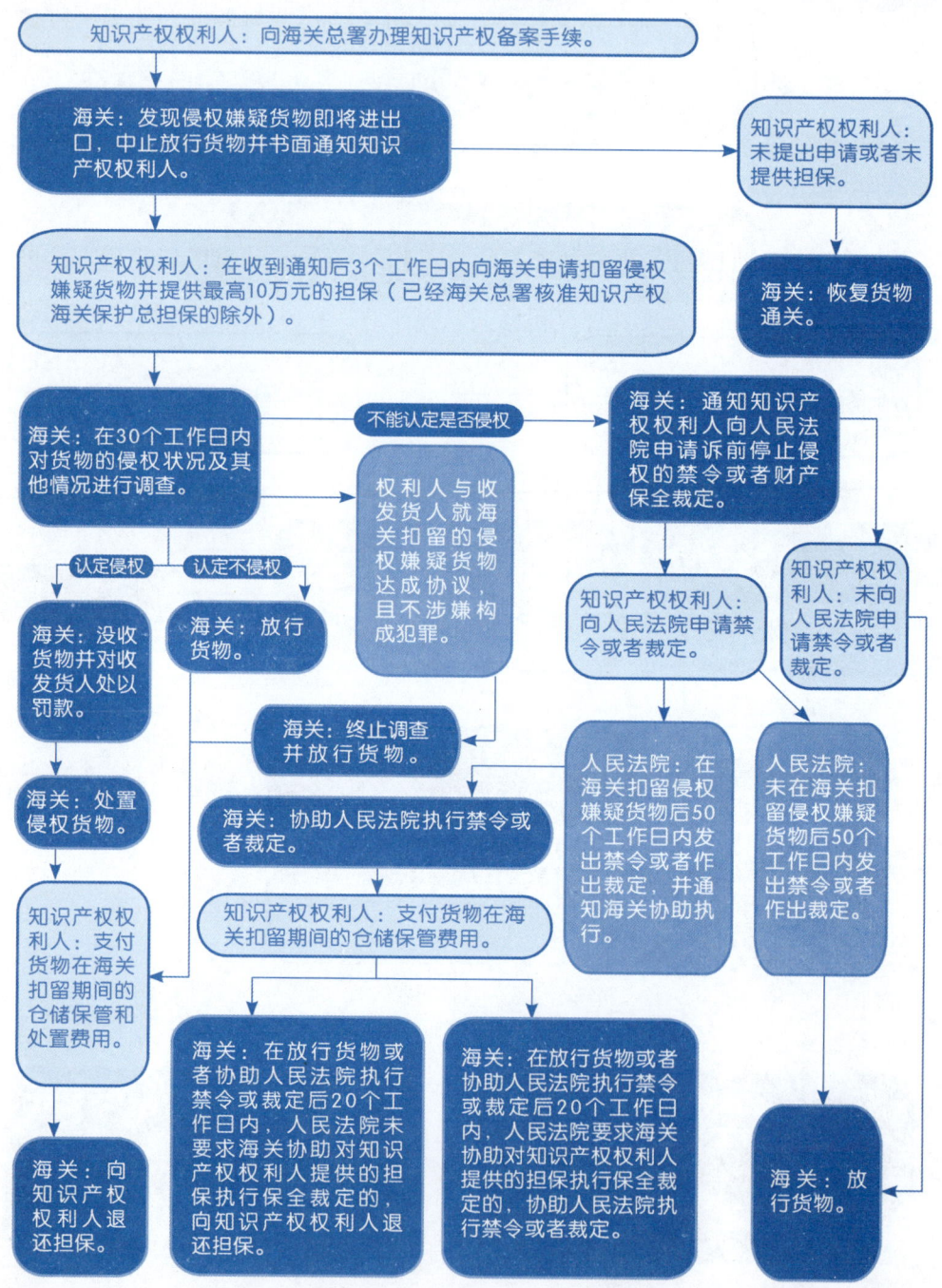

问题 4　我公司为什么要办理知识产权海关保护备案？

☺办理知识产权海关备案，对企业在进出境环节有效维护知识产权具有重要作用。

备案是海关采取依职权保护措施的前提条件。如果不备案，海关就无法对涉嫌侵权的货物进行调查处理。

备案将有助于海关发现和查处侵权货物。海关关员通过查询系统，可以了解企业备案的知识产权权利特征，便于海关关员在对货物的日常监管过程中及时发现侵权嫌疑货物。

备案有助于减少侵权行为的发生。企业的知识产权备案信息通过互联网向社会开放，对进出口侵权货物的企业可以产生一定程度的警告和震慑，也为从事定牌加工的企业提供了一个查询知识产权状况的有效途径。

问题 5　我公司有注册商标和商业秘密，是否都可以向海关申请备案？

☺虽然知识产权的类别很多，但是中国海关只保护商标专用权、著作权和与著作权有关的权利、专利权。因此，公司拥有的商业秘密、地理标志等知识产权，不能向海关总署申请备案。能申请备案的知识产权类型如下：

（1）由国家工商总局商标局核准注册的商标（服务商标除外）；

（2）在世界知识产权组织注册并延伸至我国的国际注册商标（服务商标除外）；

（3）由国家知识产权局（包括原中国专利局）授予专利权的发明、外观设计、实用新型专利；

（4）《保护文学和艺术作品伯尔尼公约》成员国或者世界贸易组织成员的公民或者组织拥有的著作权和与著作权有关的权利。

问题 6 我公司应该如何申请办理知识产权海关保护备案？

☺ 企业如果需要办理知识产权海关保护备案，请登录知识产权海关保护备案系统的互联网网站（网址为：http://202.127.48.148/），并按照网站所列步骤进行操作。

每一项知识产权的备案费为 800 元。知识产权海关保护备案自海关总署核准备案之日起生效，有效期为 10 年。知识产权权利人可以在备案有效期届满前 6 个月内，向海关总署提出续展备案的申请并随附有关文件，续展不收费用。

问题 7 我们公司发现别的公司正在进口或出口侵犯我们公司商标权的货物，我们应该怎么做？

☺ 如果知识产权权利人发现有别的公司正在进口或出口侵犯自己公司商标权的货物，可以请求货物的进出境地海关扣留侵权嫌疑货物，也可以打 12360 海关统一服务热线向进出境地海关进行举报。

问题 8 如果我们公司的进出口货物，侵权了其他公司的知识产权，我们会承担哪些法律责任？

☺ 如果你公司的进出口货物被海关认定为侵权，你公司将会承担以下法律责任：

（1）行政责任。被扣留的侵权嫌疑货物，经海关调查认定构成侵权的，由海关予以没收并对你公司处以货物价值 30% 以下的罚款。

（2）刑事责任。如果你公司进出口侵犯知识产权货物的行为构成刑事犯罪的，海关会将案件线索移送公安部门，依法追究你公司刑事责任。

（3）民事责任。知识产权权利人也可以依法对你公司进出口侵权货物的行为向人民法院起诉，要求你公司承担民事责任，赔偿因进出口侵权货物给其造成的损失。

问题 9　我公司长期从事定牌加工业务，像我公司这种情况的，如何才能防止发生侵权？

☺ 为了防止在出口环节发生侵权而造成损失，从事定牌加工的企业应该在源头上关注知识产权问题，在承接定牌加工业务时，需要注意以下几个方面：

（1）你公司在承接境外客户的来料加工、进料加工、定牌生产等业务时，如发现加工产品本身（包括相关进口料件）、加工工艺、产品包装、宣传品等涉及知识产权的，应当要求境外委托人提供该知识产权在中国的法定权利的相关证明材料。

（2）你公司一旦发现受托进行定牌加工的商品，其商标如果已经在国内被他人抢注成功，在未经该商标权人同意和许可之前，你公司不得在国内生产、加工中使用该商标，也不得出口使用该商标的商品，因为该商标在被依法撤销前是合法有效的。

（3）你公司如果和境外委托人订立定牌加工的合同，应要求其提供有关知识产权的详细资料。根据其提供的资料，你公司可以登录海关总署知识产权海关保护备案系统进行查询。如果备案的权利人与境外委托人为同一家，则可以放心生产。

（4）你公司可以在与境外委托人订立的合同中约定，如该加工产品及其包装、宣传品等发生被第三方指控侵犯知识产权，或在进出境时因涉嫌侵权被海关暂停通关，以致扣留货物，应当由境外委托人承担法律责任，并承担加工方相应的经济损失。

问题 10 我公司每年都需要处理全国各地海关查获的多起侵权案件，每一起案件都要向不同的海关支付担保金，我想请问有没有什么简便可行的方法？

😊 为了方便知识产权权利人向海关申请采取知识产权保护措施，海关总署于 2006 年出台了总担保制度，一旦海关总署核准了你公司的总担保申请，你公司在一定时间请求海关扣留侵权嫌疑货物，无须再向海关提供担保。

你公司在办理总担保业务时，需要注意以下几个方面：

（1）你公司需要在一定时间内根据《知识产权海关保护条例》第十六条的规定，多次向海关提出过扣留涉嫌侵犯你公司已在海关总署备案商标专用权的进出口货物申请。

（2）已获准在中国大陆境内开展金融业务的银行同意为你公司出具承担连带责任的总担保保函。

案例分析

案例 1 出口侵权货物，海关依法没收

【简况】企业向海关申报出口 1185 箱卡车用刹车片，申报品名为刹车片，申报为无品牌，申报数量为 24750 千克。海关对其布控查验，查验过程中发现其中部分刹车片上印有"Hi-Q"标志，同时有韩文标志"상신브

레이크",经清点为 300 箱共计 4800 片,该批货物价值为人民币 44966.64 元。海关当即决定对该批刹车片中止通关,并联系"Hi-Q"商标权利人。经权利人鉴定,上述货物为侵权嫌疑货物。海关依法扣留了该批刹车片。本案中,海关没收了涉案企业申报出口的全部侵权货物,并对当事人处以罚款人民币 4500 元。

【法律提示】涉案企业未经权利人的许可在 4800 片刹车片上使用了"Hi-Q"标志,属于侵犯商标权的行为。涉案企业申报出口上述侵权货物的行为,违反了《海关法》和《知识产权海关保护条例》的相关规定。

本案例是海关依职权保护执法模式的体现,以权利人将商标在海关总署备案为前提。海关发现侵权嫌疑货物,主动联系权利人确认货物的知识产权状况,在权利人提交申请及担保之后,可以直接对侵权嫌疑货物进行扣留并开展调查。

> **海关提醒**:涉案企业应当如何加强知识产权自我保护?
> 在本案例中,涉案企业收到来自外商生产刹车片的订单后,外方要求印上"Hi-Q",并解释"Hi-Q"就是"HIGH QUALITY",该企业缺乏知识产权保护意识,没有对该品牌在中国的知识产权状况进行查询,就盲目地进行了生产并出口,导致货物被海关查扣。从事定牌加工的企业应当要求境外委托人提供该知识产权在中国的法定权利的相关证明材料,同时可以登录海关总署知识产权海关保护备案系统进行查询,如果备案的权利人与境外委托人为同一家,则可以放心生产。

案例 2 邮寄大额侵权物品,海关公安依法查处

【简况】海关驻邮局办事处在当事人 DANNY 一次性寄往日本、美国、澳大利亚等多个国家的 1389 个平小包邮件中,查获各类侵权嫌疑物品 6123 件。经初步清点,上述物品涉嫌侵犯多个权利人拥有的"MAC"、"LV"、"Beats"、"RAYBAN"、"OAKLEY"、"GUCCI"、"PRADA"等 82 个商标专用

权。经初步估算，海关实际扣留涉嫌侵权嫌疑物品 5669 件，所扣侵权嫌疑物品价值约合人民币 51.63 万元。根据公安部、海关总署的相关规定，主管海关向公安部门通报该案线索。公安部门对上述线索予以立案，并进行侦办。

【法律提示】（1）海关为什么会将案件通报公安部门？

在海关执法过程中，如果进出口侵犯知识产权货物的行为构成刑事犯罪的，海关会将案件线索移送公安部门，依法追究刑事责任。本案例中，涉案货物价值达人民币 51.63 万元，已经构成刑事犯罪标准。

（2）海关为什么实际扣留物品数量与申报物品数量不一致？

邮递渠道知识产权海关执法按照依职权保护的模式，以权利备案为前提，没有在海关总署备案的，海关不主动实施扣留。因此，实际扣留物品数量小于申报物品数量。

案例 3　权利期限届满，及时申请续展

【简况】 某公司 2013 年 12 月向海关申报带有"Michael Kors"标志的皮包 200 个，被海关查扣认定为侵权产品，货物被没收，该公司被罚款。该公司 2014 年 7 月再次向海关申报带有"Michael Kors"标志的皮包 400 个。经查询知识产权备案系统，发现该商标备案有效期截止于 2014 年 4 月 7 日，海关遂对上述货物予以恢复通关。

【法律提示】（1）为什么海关两次做法不一样？

2013 年，该商标尚处于有效备案状态，海关采取依职权保护措施，查扣了侵权货物。2014 年 7 月，该商标的备案保护已经失效，海关因此不启动依职权保护措施。

（2）商标备案期届满，权利人应该怎么做？

权利人遇到商标备案期届满，首先应当向商标局申请商标续展，在商标局核准商标续展手续后，向海关提交备案续展的申请。

（3）如果在海关备案的商标失效后，海关还会采取依职权保护措施吗？

海关采取依职权保护措施的前提是权利的有效备案，一旦备案失效，海关将不主动采取依职权保护措施。

法规索引

1.《海关法》（主席令第 35 号，2014 年修订）

2.《知识产权海关保护条例》（国务院令第 572 号，2010 年修订）

3.《海关行政处罚实施条例》（国务院令第 420 号，2004 年发布）

4.《中华人民共和国商标法》（2013 年修订）

5.《中华人民共和国著作权法》（主席令第 26 号，2010 年修订）

6.《中华人民共和国专利法》（主席令第 8 号，2008 年修订）

7.《奥林匹克标志保护条例》（国务院令第 345 号，2002 年发布）

8.《世界博览会标志保护条例》（国务院令第 422 号，2004 年发布）

9.《中华人民共和国海关关于〈中华人民共和国知识产权海关保护条例〉的实施办法》（海关总署令第 183 号，2009 年发布）

10.《海关总署关于有效实施海关对奥林匹克标志的保护有关措施的公告》（海关总署公告 2002 年第 6 号）

11.《海关总署关于公布〈奥林匹克标志专有权备案目录〉的公告》（海关总署公告 2002 年第 8 号）

12.《海关总署关于收取知识产权海关保护备案费的公告》(海关总署公告 2004 年第 15 号)

13.《海关总署关于接受知识产权海关保护总担保的公告》(海关总署公告 2006 年第 31 号)

14.《海关总署关于对当事人无法查清的侵犯知识产权货物予以收缴的公告》(海关总署公告 2005 年第 48 号)

15.《海关总署关于第 29 届奥林匹克运动会口号、吉祥物海关保护备案情况》(海关总署公告 2006 年第 32 号)

16.《海关总署关于中国 2010 年上海世界博览会标志海关保护备案的公告》(海关总署公告 2006 年第 78 号)

17.《海关总署关于没收侵犯知识产权货物依法拍卖有关事宜的公告》(海关总署公告 2007 年第 16 号)

18.《公安部、海关总署关于印发〈关于加强知识产权执法协作的暂行规定〉的通知》(公通字〔2006〕33 号)

海关稽查篇

概　述

海关稽查是当今世界各国海关通行的一种现代化的海关管理方式，是中国现代海关制度的重要标志。接受海关稽查不仅是广大与进出口活动直接有关的企业、单位的义务，也是及时发现并纠正自身在生产经营中存在问题的机会。本篇从海关稽查与企业之间存在的联系入手，帮助企业了解如何配合海关稽查、自身的义务与权利、法律责任等知识。

法规摘编

● 自进出口货物放行之日起三年内或者在保税货物、减免税进口货物的海关监管期限内及其后的三年内，海关可以对与进出口货物直接有关的企业、单位的会计账簿、会计凭证、报关单证，以及其他有关资料和有关进出口货物实施稽查。具体办法由国务院规定。

——《海关法》（主席令第35号）第四十五条

● 海关进行稽查时，可以行使下列职权：

（一）查阅、复制被稽查人的账簿、单证等有关资料；

（二）进入被稽查人的生产经营场所、货物存放场所，检查与进出口活动有关的生产经营情况和货物；

（三）询问被稽查人的法定代表人、主要负责人员和其他有关人员与进出口活动有关的情况和问题；

（四）经海关关长批准，查询被稽查人在商业银行或者其他金融机构的存款账户。

——《中华人民共和国海关稽查条例》（以下简称《海关稽查条例》）（国务院令第209号）第十四条

● 经海关稽查，发现关税或者其他进口环节的税收少征或者漏征的，由海关依照《海关法》和有关税收法律、行政法规的规定向被稽查人补征；因被稽查人违反规定而造成少征或者漏征的，由海关依照《海关法》和有关税收法律、行政法规的规定追征。

被稽查人在海关规定的期限内仍未缴纳税款的，海关可以依照《海关法》第三十七条第一款的规定采取强制执行措施。

——《海关稽查条例》（国务院令第209号）第二十三条

● 本办法中所称"被稽查人"是指《海关稽查条例》第三条所列企业、单位。其进出口活动包括：

（一）进出口申报；

（二）进出口关税和其他税、费的缴纳；

（三）进出口许可证、件的交验；

（四）与进出口货物有关的资料记载、保管；

（五）保税货物的进口、使用、储存、加工、销售、运输、展示和复出口；

（六）减免税进口货物的使用、管理；

（七）转关运输货物的承运、管理；

（八）暂时进出口货物的使用、管理；

（九）其他进出口活动。

——《〈中华人民共和国海关稽查条例〉实施办法》（海关总署令第79号）第三条

重点问题

问题1　我公司是正规合法的加工贸易企业，为什么海关要来稽查?

海关稽查是目前世界各国海关通行的一种现代海关管理方式。在我国，海关自进出口货物放行之日起3年内或者在保税货物、减免税进口货物的海关监管期限内及其后3年内，可以对被稽查人的会计账簿、会计凭证、报关单证，以及其他有关资料和有关进出口货物进行核查，监督被稽查人进出口活动的真实性和合法性。

开展海关稽查是海关监督进出口活动的真实性和合法性的一项法定职权，并不以企业违法为前提。与进出口活动直接有关的企业、单位都有可能成为海关实施稽查的对象，即被稽查人。你公司作为从事进出口活动的加工贸易经营企业，属于海关稽查的对象，海关对你公司进行稽查是履行法定职权的行为，并不代表你公司存在违法情事。作为从事正规合法进出口活动的企业，不应对海关稽查存在抗拒排斥心理，而应该主动了解海关相关政策法规，积极配合海关稽查工作，证明自己进出口活动正规合法，这对于改善企业自身内部控制，提升企业的信用评价也是有积极意义的。

问题 2　我公司没有直接进出口过货物，海关稽查和我们这类企业有关系吗？

☺ 与进出口活动直接有关的企业不等于直接从事进出口活动的企业，前者的范围是包含并且大于后者的。根据《海关稽查条例》，以下几类企业、单位都属于海关稽查的对象：

一是从事对外贸易的企业、单位；

二是从事对外加工贸易的企业；

三是经营保税业务的企业；

四是使用或者经营减免税进口货物的企业、单位；

五是从事报关业务的企业；

六是海关总署规定的从事与进出口活动直接有关的其他企业、单位。

比如说一些企业，自身并没有直接进口减免税货物，只是通过报关企业代理进口，但作为减免税进口货物的使用单位，属于《海关稽查条例》规定的被稽查人范围，海关可以对其开展稽查，适用海关稽查程序。此外，一些没有直接进出口活动的企业，如果与被稽查人有财务往来或者其他商务往来，可能与进出口货物存在关联，海关根据《海关稽查条例》等法规可以对其实施稽查，也可以不制作海关稽查通知书直接对该企业进行一般性的查询、调取单证和资料，行使检查、查阅、复制等权力。这一类企业也应当向海关如实反映被稽查人的有关情况，提供有关资料和证明材料。

问题 3　为什么海关没有事先通知就来我公司进行实地稽查，如何鉴别海关稽查人员的身份？

☺ 一般情况下，海关会在实施稽查 3 日前将海关稽查通知书送达被稽查人。但在有下列情况之一时，经海关关长批准，海关可以不经事先通知，径行对被稽查人实施稽查：

一是被稽查人有重大违法嫌疑的；

二是被稽查人的会计账簿、会计凭证、会计报表、会计电算化资料、报关单证等有关资料及进出口货物可能被擅自转移或毁弃的；

三是情况特殊海关认为有必要的。

海关进行稽查时，海关稽查人员应当出示海关稽查证。海关稽查证，由海关总署统一制发。海关总署公告2005年第58号《关于对〈中华人民共和国海关稽查证〉进行改版的公告》对海关稽查证有明确的规定。被稽查的企业、单位可以通过海关稽查证鉴别海关稽查人员身份。

问题4 前年我公司已经接受过海关稽查，为什么今年又要接受稽查？

😊 海关按照海关监管的要求，根据进出口企业、单位和进出口货物的具体情况，制定年度海关稽查工作计划，自主决定稽查的对象和重点。海关对企业的稽查频率没有法定限制。你公司前年接受过海关稽查，不代表今后不需要接收海关稽查。经常接受海关稽查的企业，应主动了解海关相关政策法规，查找并改进自身经营活动中存在的不足。

问题5 海关稽查期间，公司法定代表人或负责人在外出差，可以找其他人代替他配合海关工作吗？

😊 海关稽查期间，被稽查人应当配合海关稽查工作，其法定代表人或者主要负责人应当到场，如实反映情况，并提供必要的工作条件。如果法定代表人或者主要负责人在外出差，可以由其指定代表到场配合海关工作，该代表在办理有关手续时，应当同时提供由被稽查人法定代表人授权或者委托的相关授权书或者委托书。如果当时不能提供，事后应当由被稽查人法定代表人提供书面代理行为确认书及委托书。

问题 6　我公司为新成立的加工贸易企业，如果海关来稽查，我公司应当履行的义务有哪些呢？

☺首先，凡是与进出口活动直接有关的企业、单位，在正常的生产经营中，应当依法设置和管理有关进出口资料。一是按照《会计法》等法律法规要求，设置、编制、保管会计账簿、会计凭证、会计报表，真实、准确、完整地记录和反映进出口业务的有关情况；二是报关单证、进出口单证、合同，以及与进出口业务直接有关的其他资料，应当自进出口货物放行之日起保管3年；三是按照海关要求，报送有关进出口货物的购买、销售、加工、使用、损耗和库存情况的资料。

其次，在海关进行稽查时，被稽查人应当配合海关稽查工作，向海关提供必要的工作条件。稽查中，被稽查人的法定代表人或者主要负责人或其指定代表应当到场，如实反映情况，如实提供账簿、单证等有关进出口资料，不得拒绝、拖延、隐瞒。对于海关依法采取的检查、封存等措施，被稽查人应当予以配合。与被稽查人有财务往来或者其他商务往来的企业、单位应当向海关如实反映被稽查人的有关情况，提供有关资料和证明材料。

对于海关经稽查依法作出的限期改正、追征或补征税款等处理决定，被稽查人应当按照法律规定的时限和要求，及时予以履行。

问题 7 海关稽查时会具体稽查哪些内容？如果海关要求提供的资料涉及商业秘密或者是与国内贸易有关的，是否可以拒绝提供？

😊 海关稽查的内容包括被稽查人的会计资料、报关单证、其他有关资料及进出口货物、物品。在海关稽查通知书中会告知本次稽查的范围，必要时，海关也可对通知书范围以外的其他进出口情况进行稽查。

被稽查人不能以海关要求提供的资料涉及商业秘密或者是与国内贸易有关为由而拒绝提供。首先，被稽查人接受海关稽查，有如实反映情况，提供账簿、单证等有关资料的义务，不得拒绝、拖延、隐瞒。如果确实涉及商业秘密，被稽查人可以书面向海关提出为其保守商业秘密的要求，并具体列明需要保密的内容。海关对其在执行职务中知悉被稽查人的商业秘密和被稽查人提供的涉及商业秘密的资料，负有保密义务。其次，海关稽查要求提供的资料范围并不限于对外的贸易活动，与国内贸易有关的资料是否与被稽查人的进出口活动有关联应由海关稽查人员判断，被稽查人应该根据海关的要求如实予以提供。

对于以商业秘密等为由拒绝或拖延提供资料的，海关可以责令限期改正。对于逾期不改正的，将处 1 万元以上 3 万元以下的罚款；情节严重的，取消其报关资格；对负有直接责任的主管人员和其他直接责任人员处 1000 元以上 5000 元以下的罚款。

> **海关提醒**：根据《海关稽查条例》，以下情况都属于海关责令限期改正的范围：
> 一是向海关提供虚假情况或者隐瞒重要事实的；
> 二是拒绝、拖延向海关提供账簿、单证等有关资料的；
> 三是转移、隐匿、篡改、毁弃账簿、单证等有关资料的；
> 四是未按照规定设置或者编制账簿、单证等有关资料的。

问题 8　我公司是从事保税加工和国内货物加工的生产企业，海关近期可能要对我公司进行保税货物核查，请问海关对保税货物和非保税货物记账有没有具体的要求？

☺ 被核查人应当对保税货物和非保税货物统一记账、分别核算。被核查人应当按照《会计法》及有关法律、行政法规的规定，设置规范的财务账簿、报表，记录保税企业的财务状况和有关保税货物的进出口、存储、转移、销售、使用和损耗等情况，如实填写有关单证、账册，凭合法、有效的凭证记账和核算。被核查人应当在保税货物海关监管期限以及其后 3 年内保存上述资料。

问题 9　最近我公司接受了海关稽查，在稽查期间如何维护我公司合法权益？如果对海关稽查结论认定的事实和处理意见不服，可以拒绝签收吗？

☺ 海关稽查有严格的程序规定，充分保障被稽查人的合法权益。具体而言，被稽查人主要有以下几个方面的权利：

（1）知情的权利。被稽查人有权向海关了解有关进出口管理的法律、法规及规章，有权要求海关告知双方在海关稽查中的权利与义务。海关在作出海关稽查结论前，会先制发相关法律文书就稽查认定的事实征求被稽查人的意见。如果被稽查人对事实有意见，可以自收到相关法律文书之日起 7 日内提出书面意见送交海关，逾期未提交的，视为无意见。

（2）维护自身合法权益的权利。被稽查人有权维护自身的合法权益，一是如被稽查人认为海关工作人员与自身存在直接的利害关系，可以对海关工作人员提出回避申请；二是在稽查过程中，被稽查人有权要求海关保守商业秘密；三是对于海关违反法定程序或超出法律授权范围的要求或行为，被稽查人有权拒绝。

（3）寻求法律救济的权利。被稽查人对于海关稽查决定或者其他稽查具体行政行为不服的，可以依法申请行政复议，或者向法院提起诉讼。对于因海关违法实施稽查行为致使被稽查人的合法权益受到损失的，被稽查人可依法申请行政赔偿。

对于被稽查人在办理有关手续时拒不签名或者盖章的，稽查人员可以在有关法律文书及业务单证上予以注明，经两名以上稽查人员及在场的见证人在有关法律文书及业务单证上签名，相关手续即视为完成。因此，你单位如果对海关稽查结论认定的事实和处理意见不服，应该通过正常的法律救济渠道维护自身权益，拒绝签收是没有实际效果的。

问题10　近期海关稽查部门通知我公司开展与海关相关业务的自查，可以借助社会中介机构的力量吗？

海关要求行政相对人自查报送有关材料的，如果行政相对人希望借助会计师事务所等社会中介机构的专业力量开展自查，应当在接到海关通知的7个工作日内，以书面方式向海关提交委托中介机构协助开展自查的申请，并在海关备选库内选取中介机构。海关审批同意并通知行政相对人后，行政相对人应在两个月内提交中介机构出具的工作报告和相关材料，中介机构出具的工作报告和相关资料应当经中介机构和中介机构具有执业资格人员签章确认。相关报告及资料经海关复核，确认符合要求的，可以作为海关处理的依据。

海关提醒：在海关未通知企业自查的情况下，企业也可以自行引入社会中介机构，定期进行"健康体检"，提前发现内部管理和生产经营中的问题，及时自我规范和纠错，通过主动向海关如实披露获得从宽处理。

问题 11 我公司近期自查发现存在违反海关监管规定的情况，如果主动向海关报告可以免于处罚吗？

😊 目前海关正在积极推进引导企业守法自律的管理方式，即由企业对照海关监管要求，通过自我检查，主动将存在问题报送海关。主要包括两种情形：一是海关尚未对企业送达海关稽查通知书，企业在正常经营管理中发现自身存在不符合海关管理规定的问题，并向海关主动报告的；二是海关在实施稽查过程中，企业主动发现存在海关稽查通知书所列稽查范围之外的不符合海关管理规定的问题，并向海关主动报告的。

上述两种情形下的企业自律管理行为，以企业如实、完整向海关反映存在问题为前提。经海关确认属于主动自报涉嫌走私违规情事的，可根据有关法规从轻、减轻或不予行政处罚；经海关确认属于主动自报漏缴税款并及时补缴税款的，可以根据有关法规减免征收滞纳金。

案例分析

案例　内部管理有缺失，配合海关免处罚

【简况】被稽查人自 2009 年 12 月～2012 年 12 月期间，以合资合作设备和一般贸易方式向海关申报进口数控机床等货物多批，货值 169 万美元；以一般贸易方式向海关申报出口树脂镜片多批，货值 336 万美元。海关经稽查发现被稽查人未按照规定编制进口设备固定资产账，拖延向海关提供进出口报关单证，依据《海关稽查条例》对被稽查人制发限期改正通知书，要求被稽查人自收到通知书之日起 30 日内予以改正，如逾期未改正将依法予以处罚。被稽查人在规定期限内对相关事项予以改正，并及时向海关提交了相应的书面材料，海关检查改正情况后，作出了未发现存在违

反海关监管规定情事的稽查结论。

【法律提示】海关对账簿单证资料保管有明确要求。被稽查人应当依照有关法律、法规的规定，设置并在法定期限内保管好会计账簿、会计凭证、报关单证，以及其他有关进出口资料，真实、准确、完整地记录和反映被稽查人进出口业务的有关情况。

海关作出的限期改正决定必须及时履行。对于海关经稽查依法作出的限期改正处理决定，被稽查人应当按照法律规定的时限和要求，及时予以履行。未履行的，根据情节及责任人身份的不同，分别处1万元以上3万元以下和1万元以上5万元以下的罚款；情节严重的，取消其报关资格；对负有直接责任的主管人员和其他直接责任人员处1000元以上5000元以下的罚款。

法规索引

1.《海关稽查条例》（国务院令第209号，1997年发布）

2.《〈中华人民共和国海关稽查条例〉实施办法》（海关总署令第79号，2000年发布）

缉私执法篇

概 述

　　法律规范是从事进出口贸易必须遵守的底线。一旦越线，将会遭受法律的制裁，进而给企业的生产经营活动造成严重的影响。正因如此，哪些行为会违反进出口法律、法规和海关的监管规定？违法后将要承受怎样的后果？这些疑问成为进出口企业普遍关心的问题。本篇将重点介绍进出口贸易中常见的违法行为及相应的法律后果，通过揭示进出口货物申报、经营加工贸易业务、进口减免税货物和固体废物、进出境携带行李物品和邮寄物品等不同业务领域中可能存在的违法行为，提示违法企业应当采取的补救措施和享有的救济权利，帮助进出口企业经营者正确地评估风险，增强守法意识。

法规摘编

　　● 违反本法及有关法律、行政法规，逃避海关监管，偷逃应纳税款、逃避国家有关进出境的禁止性或者限制性管理，有下列情形之一的，是走私行为：

　　（一）运输、携带、邮寄国家禁止或者限制进出境货物、物品或者依法应当缴纳税款的货物、物品进出境的；

　　（二）未经海关许可并且未缴纳应纳税款、交验有关许可证件，擅自将保税货物、特定减免税货物，以及其他海关监管货物、物品、进境的境外运输工具，在境内销售的；

（三）有逃避海关监管，构成走私的其他行为的。

有前款所列行为之一，尚不构成犯罪的，由海关没收走私货物、物品及违法所得，可以并处罚款；专门或者多次用于掩护走私的货物、物品，专门或者多次用于走私的运输工具，予以没收，藏匿走私货物、物品的特制设备，责令拆毁或者没收。

有第一款所列行为之一，构成犯罪的，依法追究刑事责任。

——《海关法》（主席令第35号）第八十二条

● 伪造、变造、买卖海关单证，与走私人通谋为走私人提供贷款、资金、账号、发票、证明、海关单证，与走私人通谋为走私人提供运输、保管、邮寄或者其他方便，构成犯罪的，依法追究刑事责任；尚不构成犯罪的，由海关没收违法所得，并处罚款。

——《海关法》（主席令第35号）第八十四条

● 违反国家进出口管理规定，进出口国家禁止进出口的货物的，责令退运，处100万元以下罚款。

——《海关行政处罚实施条例》（国务院令第420号）第十三条

● 违反国家进出口管理规定，进出口国家限制进出口的货物，进出口货物的收发货人向海关申报时不能提交许可证件的，进出口货物不予放行，处货物价值30%以下罚款。

违反国家进出口管理规定，进出口属于自动进出口许可管理的货物，进出口货物的收发货人向海关申报时不能提交自动许可证明的，进出口货物不予放行。

——《海关行政处罚实施条例》（国务院令第420号）第十四条

● 进出口货物的品名、税则号列、数量、规格、价格、贸易方式、原产地、起运地、运抵地、最终目的地或者其他应当申报的项目未申报或者申报不实的，分别依照下列规定予以处罚，有违法所得的，没收违法所得：

（一）影响海关统计准确性的，予以警告或者处1000元以上1万元以下罚款；

（二）影响海关监管秩序的，予以警告或者处1000元以上3万元以下罚款；

（三）影响国家许可证件管理的，处货物价值5%以上30%以下罚款；

（四）影响国家税款征收的，处漏缴税款30%以上2倍以下罚款；

（五）影响国家外汇、出口退税管理的，处申报价格10%以上50%以下罚款。

——《海关行政处罚实施条例》（国务院令第420号）第十五条

● 有下列行为之一的，处货物价值5%以上30%以下罚款，有违法所得的，没收违法所得：

（一）未经海关许可，擅自将海关监管货物开拆、提取、交付、发运、调换、改装、抵押、质押、留置、转让、更换标记、移作他用或者进行其他处置的；

（二）未经海关许可，在海关监管区以外存放海关监管货物的；

（三）经营海关监管货物的运输、储存、加工、装配、寄售、展示等业务，有关货物灭失、数量短少或者记录不真实，不能提供正当理由的；

（四）经营保税货物的运输、储存、加工、装配、寄售、展示等业务，不依照规定办理收存、交付、结转、核销等手续，或者中止、延长、变更、转让有关合同不依照规定向海关办理手续的；

（五）未如实向海关申报加工贸易制成品单位耗料量的；

（六）未按照规定期限将过境、转运、通运货物运输出境，擅自留在境内的；

（七）未按照规定期限将暂时进出口货物复运出境或者复运进境，擅自留在境内或者境外的；

（八）有违反海关监管规定的其他行为，致使海关不能或者中断对进出口货物实施监管的。

前款规定所涉货物属于国家限制进出口需要提交许可证件，当事人在规定期限内不能提交许可证件的，另处货物价值30%以下罚款；漏缴税款的，可以另处漏缴税款1倍以下罚款。

——《海关行政处罚实施条例》（国务院令第420号）第十八条

● 有下列行为之一的，予以警告，可以处物品价值20%以下罚款，有违法所得的，没收违法所得：

（一）未经海关许可，擅自将海关尚未放行的进出境物品开拆、交付、投递、转移或者进行其他处置的；

（二）个人运输、携带、邮寄超过合理数量的自用物品进出境未向海关申报的；

（三）个人运输、携带、邮寄超过规定数量但仍属自用的国家限制进出境物品进出境，未向海关申报但没有以藏匿、伪装等方式逃避海关监管的；

（四）个人运输、携带、邮寄物品进出境，申报不实的；

（五）经海关登记准予暂时免税进境或者暂时免税出境的物品，未按照规定复带出境或者复带进境的；

（六）未经海关批准，过境人员将其所带物品留在境内的。

——《海关行政处罚实施条例》（国务院令第420号）第十九条

● 运输、携带、邮寄国家禁止进出境的物品进出境，未向海关申报但没有以藏匿、伪装等方式逃避海关监管的，予以没收，或者责令退回，或者在海关监管下予以销毁或者进行技术处理。

——《海关行政处罚实施条例》（国务院令第420号）第二十条

重点问题

问题1 我公司负责进出口业务的部门经理瞒着总经理在进口商品时故意低报了商品的实际成交价格，少缴了进口税款，我公司要承担责任吗？

😊 公司可能被认定为实施了走私行为而承担相应的法律责任。

我国法律规定：为了偷逃应纳税款或者逃避国家有关进出境的禁止性或者限制性管理，以藏匿、伪装、瞒报、伪报或者其他方式逃避海关监管，从设关地运输、携带、邮寄国家禁止或者限制进出境的货物、物品或者依法应当缴纳税款的货物、物品进出境的，属于走私行为。在进口商品时为了少缴进口税款，故意低报商品的实际成交价格，就具有了走私的主观故意；如果又实施了更改报关单据、瞒报、伪报商品价格等逃避海关监管的客观行为，该行为就构成了走私行为。

实施走私行为的主体，既可以是自然人，也可以是法人或者其他组织。

走私违法行为由公司集体研究决定或者由公司的负责人或者被授权的其他人员决定、同意,且谋取的不正当利益或者违法所得大部分归公司所有的,可以认定为公司走私。负责进出口业务的部门经理属于被授权的人员,他在公司进出口业务中作出的决定被视同为公司的决定,他为了增加公司的业绩而故意实施低报商品实际成交价格的行为,只要所得非法利益主要归于公司,即使没有得到公司最高领导的许可,也将构成公司走私行为。

对于公司走私行为,按照危害后果不同分别追究刑事或者行政法律责任。危害后果严重、构成犯罪的,经人民法院判决,公司将被没收走私货物和违法所得,并处以罚金,直接负责的主管人员和其他直接责任人员也将被判处刑罚;尚不构成犯罪的,由海关对公司处以没收走私货物和违法所得、追缴走私货物等值价款,以及罚款等行政处罚。

当然,如果是公司员工假借公司的名义干"私活",在此过程中实施了走私行为,所得非法利益由个人私分,那么海关缉私部门将根据违法行为的实际情况,认定员工个人走私,由此产生的法律后果将由实施违法行为的个人承担。

> **海关提醒**:公司管理人员不仅要做到自觉学法、守法,而且要加强对员工的守法教育和内部监督,避免员工采用非法手段增加业绩。如果员工在业绩的压力下铤而走险,实施了走私行为或者其他违法行为,不仅员工本人将受到法律的惩处,公司也将为此付出沉重的代价。

问题2 我公司想进口废塑料进行生产加工,但是无法申领到固体废物进口许可证,我公司能用他人的许可证进口废塑料吗?

☺ 不可以。不仅是废塑料,所有列入限制进口目录和自动许可进口目录的固体废物,都不得利用他人的许可证进口。

《固体废物进口管理办法》明确规定禁止转让固体废物进口相关许可证，具体包括：

（1）禁止出售或者出租、出借固体废物进口相关许可证；

（2）禁止使用购买或者租用、借用的固体废物进口相关许可证进口固体废物；

（3）禁止将进口的固体废物全部或者部分转让给固体废物进口相关许可证载明的利用企业以外的单位或者个人。

利用他人进口固体废物许可证进口固体废物，如果以伪报、瞒报、藏匿、伪装或者其他方式逃避海关监管的，构成走私行为，将视危害后果严重程度被追究刑事或者行政法律责任；不构成走私行为的，将按照未经许可擅自进口限制进口的固体废物定性，承担退运固体废物并被处以罚款的行政法律责任。

问题3　我公司在进出口货物申报过程中需要注意哪些问题？

根据法律规定，进口货物的收货人、出口货物的发货人应当向海关如实申报，交验进出口许可证件和有关单证。如果委托报关企业办理报关手续的，委托人应当向报关企业提供所委托报关事项的真实情况。

向海关办理进出口货物申报时，有关申报内容要严格按照《中华人民共和国海关进出口货物报关单填制规范》和《中华人民共和国海关进出口商品规范申报目录》的要求规范申报。由于公式定价、客观条件限制等原因导致申报时有关申报内容尚未确定的（例如申报时尚未取得对计算货物完税价格有影响的运费、保险费、杂项费用发票），应当在申报时如实向海关说明，并按照《中华人民共和国海关事务担保条例》的要求提供担保后办理货物通关手续。

违反上述法定义务，进出口国家限制进出口货物，收发货人向海关申报时不能提交许可证件的，不仅货物不能通关，而且将面临货物价值30%以下的罚款。如果应当申报的项目未申报或者申报不实，则海关将根据申报不实违法行为造成的不同影响对责任人处以警告或者不同数额的罚款。

问题 4　我公司准备开展加工贸易业务，请问在开展加工贸易业务过程中有哪些行为可能触犯法律？

😊 企业在开展加工贸易业务的过程中，比较常见的违法行为有：

（1）未经海关许可，擅自将加工贸易货物发运至经海关备案的场所以外的其他地点。

（2）未经海关许可，擅自将加工贸易制成品、剩余料件，以及生产过程中产生的边角料、残次品、副产品等加工贸易货物，在国内销售、转让、移作他用或作其他处置。加工贸易料件、制成品，生产过程中产生的边角料、残次品、副产品，以及受灾保税货物属于海关监管货物，未经海关许可，任何企业、单位、个人不得擅自销售或者移作他用。

（3）未经海关许可，擅自抵押加工贸易货物。未经海关批准，加工贸易货物不得抵押。

（4）未经海关许可，擅自调换加工贸易货物。经海关核准，经营企业可以在保税料件之间、保税料件与非保税料件之间进行串换，但是被串换的料件应当属于同一企业，并应当遵循同品种、同规格、同数量、不牟利的原则。来料加工保税进口料件不得串换。

（5）加工贸易货物数量短少或者相关记录不真实。

(6)开展外发加工业务,未在规定时间内向海关办理备案手续。

(7)加工贸易制成品单耗申报不实。

问题5 我公司免税进口了设备,请问在使用免税进口设备的过程中,我公司应当注意哪些事项?

☺应注意如下事项:

(1)在海关监管年限内,减免税货物经海关批准后方可变更使用地点。未经海关许可,擅自将减免税货物发运至海关核准的地点以外使用的,将视情节处以一定数额的罚款。

(2)未经海关许可,不得擅自将减免税货物转让、移作他用或者进行其他处置。如有发生,处货物价值5%以上30%以下罚款;涉及漏缴税款的,责令补缴税款。

(3)经主管海关批准后方可向金融机构办理减免税货物贷款抵押,不得以减免税货物向金融机构以外的公民、法人或者其他组织办理贷款抵押。未经海关许可,擅自抵押减免税货物的,视情节处以一定数额的罚款。

问题6 我公司通过内部审查发现公司员工在办理进出口业务时违反了海关的监管规定,我公司应当如何补救?

☺可以采取以下措施进行补救:

(1)在海关发现之前自查发现存在违法行为的,要主动向海关报明有关情况;

(2)积极配合海关调查,主动提供海关尚未掌握的事实及尚未调取的证据,对海关调查提供协助;

(3)如果知晓他人有违反《海关法》或其他海关监管规定的行为,及时向海关检举或提供违法案件线索；

（4）在海关调查终结前，主动缴纳足额担保金，按规定办理有关海关手续或者将海关监管货物恢复海关监管。

根据法律规定，如果违法行为人有上述情节，海关可以予以从轻或者减轻处罚。

问题 7　海关要对我公司进行行政处罚，我公司享有哪些救济权利？

（1）陈述申辩权。在海关作出行政处罚决定之前，将告知当事人作出行政处罚决定的事实、理由及依据，当事人可以在行政处罚告知单送达之日起 3 个工作日内，书面向海关提出申辩或陈述意见。适用简易程序的行政处罚案件，当事人也可以口头向海关提出申辩或陈述意见，由海关记录在案。

（2）申请听证权。海关作出暂停从事有关业务，撤销海关注册登记，对公民处 1 万元以上罚款，对法人或者其他组织处 10 万元以上罚款，没收有关货物、物品、走私运输工具等行政处罚决定之前，应当告知当事人有要求举行听证的权利。当事人要求听证的，海关应当组织听证。当事人应当在海关告知其听证权利之日起 3 日以内，以书面形式向海关提出听证申请。

（3）申请行政复议权。企业认为海关的具体行政行为侵犯其合法权益的，可以自知道该具体行政行为之日起 60 日内，向作出具体行政行为的海关的上一级海关提出行政复议申请。

（4）行政诉讼权。企业认为海关的行政行为侵犯其合法权益的，可以向作出行政行为的海关所在地中级人民法院提起行政诉讼。如果经过行政复议的，也可以向复议海关所在地中级人民法院提起行政诉讼。

问题 8 企业确有经济困难，无法按期缴纳海关行政处罚罚款怎么办？

☺ 当事人确有经济困难或者其他特殊原因无法按期缴纳罚款，可以向海关申请延期或分期缴纳罚款，经海关批准后，达成执行协议。

当事人申请延期或者分期缴纳罚款的，应当以书面形式提出，明确表示对海关处罚无异议，据实叙述申请理由，制订出各阶段履行处罚决定的执行计划，并提供会计账册、资产负债、损益表、审计报告等支持其申请理由的有关资料。

案例分析

案例 1 许可证件管理严，无证进口添麻烦

【简况】2004 年 12 月 9 日，当事人镇江市某进出口有限公司向海关申报出口标有"UN"字样的帐篷 140 套，申报总价 142766.40 美元（折合人民币 118.16 万元）。经相关部门鉴定，该批帐篷具备军需品特征，应按照军需品管理，需要提交中华人民共和国军品出口许可证。2005 年 5 月，海关认定当事人构成无许可证出口军需品违规，决定科处其罚款人民币 5 万元，该批帐篷也不予放行。

【法律提示】外贸货物分为 3 类，即自由进出口、限制进出口和禁止进出口。国家对限制进出口的货物，实行配额、许可证等方式管理，需要进出口的，应当在向海关申报前取得相应的许可证明文件，并在申报时连同相关资料一并向海关提交。

国家禁止个人从事军品进出口经营活动，军品出口只能由专门的军品贸易公司经营。未取得军品出口经营权的任何单位或者组织，不得从事军品出口经营活动。军品属于限制进出口类货物，军品出口前，凭军品出口合同批准文件，向国家军品出口主管部门申领中华人民共和国军品出口许可证。海关凭证接受申报，并按照国家有关规定验放。

限制类货物进出口申报时不能提交许可证件的，承担相应法律责任：

（1）进出口限制类货物申报时不能提交许可证件的，该进出口货物不予放行，处以货物价值30%以下的罚款。

（2）进出口属于自动进出口许可管理的货物，向海关申报时不能提交自动许可证明的，进出口货物不予放行，但不需要加处罚款。

（3）"不予放行"后续处理：如进出口货物收发货人申请退运的，海关依照有关规定办理退运手续；进出口货物收发货人补来有关许可证件的，海关依法办结有关手续后予以放行；进出口货物收发货人或者货物所有人声明放弃的，由海关提取依法变卖，所得价款在扣除运输、装卸、储存等费用后，上缴国库。

案例2　虽然拥有所有权，转让必须经许可

【简况】当事人苏州某电器有限公司在执行进料加工手册过程中，在保税货物的管理上存在漏洞，其内部各部门之间缺乏交流和配合，生产部门销售成品不及时通知关务部门，关务部门也未对保税货物进行跟踪管理；加之当事人的主管人员对加工贸易的相关监管规定了解不够，主观认识上也存在偏差，错误地认为只要在核销手册时，通过复出口和补税能平衡手册即可。因此，导致2009年12月～2010年7月期间，当事人在未向海

关申请并办理海关手续、补缴税款的情况下,将 7 本进料加工手册项下的保税制成品基板 746804 个转让给了其他公司,共计耗用件铝电解电容器 154884 个、薄膜固定碳质电阻 17089 个、集成电路 904140 个等保税进口料件共计 11192559 个,价值 892724 美元。2010 年 6 月~2010 年 8 月期间,当事人再次擅自将进料加工手册项下备案进口的变压器 8759 个、薄膜固定碳质电阻 31570 个、插头/插座 384 个等保税进口料件共计 1521191 个转让给了其他公司,价值 647904 美元。经计核,上述转让的保税成品及原料区计价值人民币 12271306.25 元,涉及进口环节税款人民币 1825539.34 元。

2011 年 11 月,海关认定当事人的上述行为构成未经许可擅自转让海关监管货物违规,并对其作出科处罚款人民币 122 万元的行政处罚决定,同时责令其补缴涉案货物漏缴税款,办结有关海关手续。

【法律提示】转让保税货物必须先经海关许可并补缴税款,办结有关海关手续。保税货物是经海关批准未办理纳税手续进境,在境内储存、加工、装配后复运出境的货物。保税货物的通关从进境起、经过储存或加工到复运出境止,包括两次申报,在整个过程中,无论是保税原料或是保税制成品,都必须接受海关的监管,属于海关监管货物。

擅自转让保税货物的,承担相应法律责任:

(1)未经海关许可,擅自将保税货物转让的,由海关定性违规,处以擅自转让的部分货物价值 5% 以上 30% 以下罚款,有违法所得的,没收违法所得。

(2)擅自转让保税货物需要补交相关许可证件而不能在海关发现并展开调查后 3 个月内提交的,可以另处货物价值 30% 以下的罚款;漏缴税款的,可以另处漏缴税款 1 倍以下罚款。

（3）擅自转让保税货物漏缴税款的，由海关责令当事人如数补缴所漏缴的税款，并加征收相应的违规滞纳金。

（4）逃避海关监管，擅自将保税货物在境内销售牟利，偷逃国家税款的，定性走私；情节严重数额较大的，构成走私犯罪，依法追究刑事责任。

> **海关提醒**："转让"通常指所有权的转移，无论这种转移是有偿的（如买卖）还是无偿的（如赠与）。
>
> 企业在转让特定减免税货物时，应当关注设备的监管期限。在监管期限内，如果企业需要销售特定减免税设备，必须到海关申请提前解除监管，办理相关征税手续。如果监管期已满，特定减免税货物自动解除监管，企业可以随意销售特定减免税设备。

法规索引

1.《海关法》（主席令第 35 号，2014 年修订）

2.《行政处罚法》（主席令第 63 号，1996 年发布）

3.《中华人民共和国固体废物污染环境防治法》（主席令第 31 号，2004 年修订）

4.《中华人民共和国行政强制法》（主席令第 49 号，2011 年发布）

5.《中华人民共和国国家货币出入境管理办法》（国务院令第 108 号，1993 年发布）

6.《海关行政处罚实施条例》（国务院令第 420 号，2004 年发布）

7.《中华人民共和国外汇管理条例》（国务院令第 532 号，2008 年修订）

8.《中华人民共和国限制进出境物品表》（海关总署令第 43 号，1993 年发布）

9.《海关总署关于修改部分规章的决定》（海关总署令第 218 号附件 10，2014 年发布）

10.《固体废物进口管理办法》(环保部、商务部、国家发展改革委、海关总署、国家质检总局令第12号,2011年发布)

11.《携带外币现钞出入境管理暂行办法》(汇发〔2003〕102号)

12.《海关总署关于在全国各对外开放口岸实行新的进出境旅客申报制度的公告》(海关总署公告2007年第72号)

13.《关于调整携带人民币限额的公告》(中国人民银行公告2004第18号)

行政救济篇

概 述

海关执法的法律救济，是指海关的管理相对人对于海关作出的行政处罚、行政强制、行政决定等行为不服，有权通过申请行政复议、提起行政诉讼或者要求行政赔偿等途径来维护自身合法权益的法律制度。在现实中，海关每天在监管进出境货物、物品和运输工具的过程中都要作出大量的行政行为，由于种种原因海关工作人员在执法中难免会出现执法偏差、执法不当甚至违法的情况，侵犯到作为海关管理相对人的公民、法人或者其他组织的合法权益；或者在执法过程中，公民、法人或者其他组织对海关的执法行为由于理解和利害关系的影响常常会有不同的看法和认识，产生争议。一旦产生争议，无论是出于何种原因，公民、法人或者其他组织都可以通过行政救济的方式处理和解决，制止和纠正海关的不当行为或者消除相对人对海关执法行为的不同认识，确定行政执法行为的效力。

随着我国行政执法程序的日益完善，现行执法争议解决机制和法律救济制度也不断深入和完善，公民、法人和其他组织可以在法定期限内选择合适的方式主张权利、寻求救济。

法规摘编

● 公民、法人或者其他组织认为具体行政行为侵犯其合法权益的，可以自知道该具体行政行为之日起60日内提出行政复议申请；但是法律规定的申请期限超过 60 日的除外。

——《中华人民共和国行政复议法》（以下简称《行政复议法》）（主席令第 16 号，1999 年发布）第九条

● 对县级以上地方各级人民政府工作部门的具体行政行为不服的，由申请人选择，可以向该部门的本级人民政府申请行政复议，也可以向上一级主管部门申请行政复议。

对海关、金融、国税、外汇管理等实行垂直领导的行政机关和国家安全机关的具体行政行为不服的，向上一级主管部门申请行政复议。

——《行政复议法》（主席令第 16 号，1999 年发布）第十二条

● 有下列情形之一的，公民、法人或者其他组织可以向海关申请行政复议：

（一）对海关作出的警告，罚款，没收货物、物品、运输工具和特制设备，追缴无法没收的货物、物品、运输工具的等值价款，没收违法所得，暂停从事有关业务，撤销注册登记及其他行政处罚决定不服的；

（二）对海关作出的收缴有关货物、物品、违法所得、运输工具、特制设备决定不服的；

（三）对海关作出的限制人身自由的行政强制措施不服的；

（四）对海关作出的扣留有关货物、物品、运输工具、账册、单证或者其他财产，封存有关进出口货物、账簿、单证等行政强制措施不服的；

（五）对海关收取担保的具体行政行为不服的；

（六）对海关采取的强制执行措施不服的；

（七）对海关确定纳税义务人、完税价格、商品归类、原产地、适用

税率或者汇率，减征或者免征税款、补税、退税、征收滞纳金、确定计征方式，以及确定纳税地点等其他涉及税款征收的具体行政行为有异议的（以下简称纳税争议）；

（八）认为符合法定条件，申请海关办理行政许可事项或者行政审批事项，海关未依法办理的；

（九）对海关检查运输工具和场所，查验货物、物品或者采取其他监管措施不服的；

（十）对海关作出的责令退运、不予放行、责令改正、责令拆毁和变卖等行政决定不服的；

（十一）对海关稽查决定或者其他稽查具体行政行为不服的；

（十二）对海关作出的企业分类决定以及按照该分类决定进行管理的措施不服的；

（十三）认为海关未依法采取知识产权保护措施，或者对海关采取的知识产权保护措施不服的；

（十四）认为海关未依法办理接受报关、放行等海关手续的；

（十五）认为海关违法收取滞报金或者其他费用，违法要求履行其他义务的；

（十六）认为海关没有依法履行保护人身权利、财产权利的法定职责的；

（十七）认为海关在政府信息公开工作中的具体行政行为侵犯其合法权益的；

（十八）认为海关的其他具体行政行为侵犯其合法权益的。

前款第（七）项规定的纳税争议事项，公民、法人或者其他组织应当依据海关法的规定先向海关行政复议机关申请行政复议,对海关行政复议决定不服的,再向人民法院提起行政诉讼。

——《中华人民共和国海关行政复议办法》(海关总署令第166号)第九条

● 有下列情形之一的,行政复议机关可以按照自愿、合法的原则进行调解:

(一)公民、法人或者其他组织对行政机关行使法律、法规规定的自由裁量权作出的具体行政行为不服申请行政复议的;

(二)当事人之间的行政赔偿或者行政补偿纠纷。

当事人经调解达成协议的,行政复议机关应当制作行政复议调解书。调解书应当载明行政复议请求、事实、理由和调解结果,并加盖行政复议机关印章。行政复议调解书经双方当事人签字,即具有法律效力。

调解未达成协议或者调解书生效前一方反悔的,行政复议机关应当及时作出行政复议决定。

——《中华人民共和国行政复议法实施条例》(以下简称《行政复议法实施条例》)(国务院令第499号)第五十条

● 中级人民法院管辖下列第一审行政案件:(一)对国务院部门或者县级以上地方人民政府所作的行政行为提起诉讼的案件;(二)海关处理的案件;(三)本辖区内重大、复杂的案件;(四)其他法律规定由中级人民法院管辖的案件。

——《中华人民共和国行政诉讼法》(以下简称《行政诉讼法》)(主席令第16号,1989年发布)第十五条

● 公民、法人或者其他组织不服复议决定的，可以在收到复议决定书之日起 15 日内向人民法院提起诉讼。复议机关逾期不作决定的，申请人可以在复议期满之日起 15 日内向人民法院提起诉讼。法律另有规定的除外。

——《行政诉讼法》（主席令第 16 号，1989 年发布）第四十五条

● 公民、法人或者其他组织直接向人民法院提起诉讼的，应当自知道或者应当知道作出行政行为之日起 6 个月内提出。法律另有规定的除外。

因不动产提起诉讼的案件自行政行为作出之日起超过 20 年，其他案件自行政行为作出之日起超过 5 年提起诉讼的，人民法院不予受理。

——《行政诉讼法》（主席令第 16 号，1989 年发布）第四十六条

重点问题

问题 1　企业可以寻求行政救济的情形与救济方式有哪些？

可以寻求的救济方式：企业在经营中经常需要跟行政机关打交道，在接受海关监管，配合海关执法的过程中，如果企业认为海关对企业的罚款、没收决定，收取保证金和其他担保，对企业的分类评级影响了企业的合法权益，或者申请海关办理报关、查验、放行等海关手续，海关没有依法办理的，都可以通过向海关申请行政复议或者行政诉讼寻求救济；如果海关及其工作人员在行使行政职权时侵犯当事人的人身权、财产权了，受害人还可以通过行政赔偿的方式获得救济。

所不同的是，行政复议是向海关提出，而行政诉讼是向中级人民法院提起。

一般来说，海关和国家司法机关都会尽量保证企业提起行政救济的权

利，但也有一些例外，比如国防外交事项、海关发布的规章或者规范性文件、海关缉私部门的刑事侦缉活动等，是不能提起行政诉讼的。

> **海关提醒**：企业如果和海关发生了诸如对应缴纳税款多少、商品的具体归类、适用的税率等纳税争议，必须先向海关复议，而不能直接向法院起诉。

问题2　我公司想向海关申请行政复议，应该注意哪些事项？

😊 应注意如下事项：

（1）期限：申请人应当自知道该具体行政行为之日起60日内提出行政复议申请。这个60日是自然日，节假日计算在内。

（2）管辖权：申请人应当向作出具体行政行为海关的上一级海关提出复议申请（例如南京海关作出的行政决定，应当向海关总署申请行政复议）；对于海关办事处作出的行政决定，向设立办事处海关的上一级海关申请复议；对于海关总署作出的行政决定，仍向海关总署申请复议。

（3）申请方式：申请人可以向海关提交书面申请，也可以与海关复议机构（法制部门）联系，口头提出复议申请，由海关制作行政复议口头申请记录，当场交由申请人签章确认。此外，申请人也可以通过邮寄、传真、电子邮件等方式向海关提交行政复议申请，但需根据海关要求进一步补齐相关证明资料。各海关门户网站上均公布了本关的行政复议邮箱。

> **海关提醒**：申请行政复议是国家赋予公民、法人和其他组织的一项法定救济权利，海关受理行政复议申请不收取任何费用。

问题3　我公司想向法院提起行政诉讼，应该注意哪些事项？

😊 应注意如下事项：

（1）期限：企业知道该具体行政行为作出之日起6个月内可以直接向法院起诉；经过行政复议的，自收到复议决定书之日起（复议机关逾期不作决定的，可以在复议期满之日起）15日内向法院起诉。

（2）管辖权：被告海关所在地的中级人民法院。经复议的案件，也可以由复议机关所在地人民法院管辖。

（3）选择被告海关：一般对哪个海关的具体行政行为不服就告哪个海关。经复议的案件，复议机关决定维持原行政行为的，作出原行政行为的行政机关和复议机关是共同被告；复议机关改变原行政行为的，复议机关是被告；复议机关在法定期限内未作出复议决定，公民、法人或者其他组织起诉原行政行为的，作出原行政行为的行政机关是被告，起诉复议机关不作为的，复议机关是被告。

问题4　企业可以向海关申请行政赔偿的事项有哪些？

☺ 一般来说企业提起的行政赔偿，主要是海关及其工作人员在行使行政职权时侵犯了企业财产权的，包括对企业违法实施罚款、吊销许可证和执照、责令停产停业、没收财物等行政处罚的；或者违法对企业财产采取查封、扣押、冻结等行政强制措施的。

> **海关提醒**：海关在查验进出境货物、物品时损坏被查验的货物、物品的，应当赔偿实际损失。

问题5　我公司对海关归类、估价、确定税款额度等征税行为有意见时，应该按照什么步骤处理？

☺ 首先，拒不纳税是违法行为，因此同海关发生纳税争议时，企业如果通过磋商、沟通不能和海关达成一致的，应当先按海关核定的税额缴纳税款，履行法定义务。

其次，企业对于不服的征税决定，可以在海关填发税款缴纳证之日起

60 日内，向征税海关的上级海关书面申请行政复议。如果对复议决定仍然不服的，可以自收到复议决定书之日起 15 日内，向人民法院起诉。

> **海关提醒**：纳税争议范围较广，包括海关确定纳税义务人、完税价格、商品归类、原产地、适用税率或者汇率、减征或者免征税款、补税、退税、征收滞纳金、确定计征方式，以及确定纳税地点等具体情形。

问题 6　如果企业认为海关制定的规章、其他规范性文件违法，应当如何提出？

☺（1）规章：如果企业认为海关制定的规章同法律、行政法规相抵触的，可以向国务院书面提出审查建议，由国务院法制机构研究处理，确认违法的，国务院有权改变或者撤销；也可以向海关总署提出审查建议，由其自行纠正。

（2）其他规范性文件：认为海关制定的规章层级以下的其他规范性文件不合法的，可以向制定海关的法制部门提出书面建议，阐明纠正或撤销的理由；或者向制定海关的上一级海关提出建议，由其改变或者撤销。

> **海关提醒**：行政相对人可以针对海关已经依据该文件作出的具体行政行为申请行政复议，同时申请行政复议机关对该文件予以一并审查；或者在针对相关具体行政行为提起行政诉讼时，由司法机关对海关依据的该文件进行司法审查。

案例分析

案例　不服海关行政处罚，依法申请行政复议

【简况】2013 年 4 月，申请人南通 L 有限公司委托南通 Q 报关行，以一般贸易方式向南通海关申报出口被子 964 套，申报总价为 96 万美元，报关单号为 230220130023****88。该批货物总价实际为 9.6 万美元，为申报

价格的十分之一。

2013 年 6 月，被申请人南通海关对该案立案调查。经查，申请人系因工作疏忽，在提供给 Q 报关行报关用单证时，将发票总价填制错误，报关行收单后，未认真审查比对发票与合同的金额，按照错误的发票总价向被申请人申报。被申请人依法计核该票申报出口的被子价值人民币 60 万元，并查明申请人在主管国税局登记具有出口退税资格，据此认为申请人出口货物总价申报不实，影响了国家出口退税管理。

被申请人根据《海关法》、《行政处罚法》有关条文，于 2013 年 12 月作出了对申请人南通 L 有限公司罚款人民币 4.3 万元，对 Q 报关行罚款人民币 6000 元的处罚决定。

申请人对处罚金额不能接受，于 2013 年 12 月向南京海关提出行政复议，恳请充分考虑申请人积极配合海关调查，过错程度较小和处罚对申请人的影响等实际情况，适当降低该决定书中申请人违规行为的罚款额度。

南京海关复议机构经审理认为：被申请人南通海关对申请人申报不实违规行为的处理，事实清楚，证据确凿充分，适用法律正确，程序合法。鉴于该案符合《行政复议法实施条例》第五十条第一款第（一）项规定的情形，在复议过程中，按照自愿、合法的原则组织申请人和被申请人进行了复议调解，最终在申请人充分陈述其主动纠正违法行为，主观过错程度较小的事实后，经双方协商一致对申报不实违规行为的罚款幅度依法进行适当调整，将其罚款数额由人民币 4.3 万元调整为人民币 2.5 万元。

【法律提示】当事人在被正式处罚前可以充分表达自己的意见。

海关在对当事人作出正式的行政处罚决定前，应当向当事人送达行政处罚告知单，告知当事人作出行政处罚决定的事实、理由及依据，并告知当事人依法享有的权利，这些权利包括陈述、申辩等。

当事人的陈述、申辩权利是无条件的。当事人进行陈述、申辩的，海关必须充分听取当事人的意见，对当事人提出的事实、理由和证据，应当进行复核。当事人提出的事实、理由或者证据成立的，海关应当采纳。海关不得因当事人申辩而加重处罚。

法规索引

1.《行政复议法》（主席令第16号，1999年发布）

2.《行政诉讼法》（主席令第16号，1989年发布，2014年修订）

3.《中华人民共和国国家赔偿法》（主席令第23号，2010年修订）

4.《行政复议法实施条例》（国务院令第499号，2007年发布）

5.《最高人民法院关于执行〈中华人民共和国行政诉讼法〉若干问题的解释》（法释〔2000〕8号）

6.《中华人民共和国海关行政复议办法》（海关总署令第166号，2007年发布）

7.《中华人民共和国海关行政赔偿办法》（海关总署令第101号，2003年发布）

后 记

经过数次讨论、修改，并先后征求部分隶属海关、机关相关职能部门意见后，由南京海关法规处会同张家港海关组织编写的《进出口企业管理人员办理海关事务法律指引》，终于与大家正式见面了。

本书由13位编者共同完成，其中李繇负责第一部分和第三部分行政救济篇，刘娟、魏曦负责第二部分，第三部分由以下人员负责：高俊负责企业管理篇，刘勃负责监管通关篇，丁俊负责征税管理篇，李健负责税收优惠篇，管昱负责加工贸易监管篇和保税监管篇，孙晓婷负责进出境公自用物品篇，沙杰负责知识产权保护篇，刘奇负责海关稽查篇，胡熹负责缉私执法篇，许洋负责汇编南京海关12360服务热线受理的热点问题。胡克宏、丁文轩、王伟珍、方治、管悦、赵伟伟、吴明杰参与了本书的审核。编委会主任李卫新，编委会副主任刘娟、高建明，以及许世香、贾东航、曹燕华、徐春承担了全书的统稿、修改、校对等工作。

由于篇幅有限，本书仅重点介绍了海关对进出口企业管理的总体要求和规定，同时将有关法律法规和规范性文件目录进行了汇篇，一些具体的规定内容未能展开表述。进出口企业在学习了解中，可通过以下途径查找具体的法律法规内容或咨询有关问题：

1. 中国海关互联网门户网站，网址：http://www.customs.gov.cn；

2. 中国海关互联网门户网站南京子网站，网址：http://nanjing.customs.gov.cn；

3. 南京海关 12360 服务热线，电话 12360，网址：http://nanjing.customs.gov.cn/default.aspx?tabid=6073；地址：南京市龙蟠中路 360 号；邮政编码：210001。

本书在编写过程中，依据的是现有的海关管理规定。由于海关管理规定不断在调整变化，本书所编内容仅供大家学习参考，在具体执法中，请以有关最新法律法规和规范性文件为准。